JIANGSU ZHISHICHANQUAN
SHILI ZHUANGKUANG BAOGAO
★ 2022 ★

# 江苏知识产权
# 实力状况报告

## 2022

江苏省知识产权研究会　组织编写

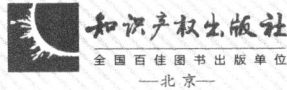

知识产权出版社
全国百佳图书出版单位
—北京—

图书在版编目（CIP）数据

江苏知识产权实力状况报告 2022 / 江苏省知识产权研究会组织编写 .—北京：知识产权出版社，2023.4

ISBN 978-7-5130-8739-1

Ⅰ . ①江… Ⅱ . ①江… Ⅲ . ①知识产权—研究报告—江苏—2022 Ⅳ . ① D927.530.340.4

中国国家版本馆 CIP 数据核字（2023）第 073461 号

**内容提要**

本书构建了由 4 个一级指标、10 个二级指标和 38 个三级指标组成的江苏省知识产权实力指标体系，旨在通过对江苏省各设区市知识产权状况的监测与分析，推动知识产权强省建设和江苏省产业高质量发展。

本书可作为知识产权理论和政策研究人员、实务工作者及相关社会公众的参考读物。

**责任编辑：张　珑**　　　　　　　　**责任印制：孙婷婷**

**执行编辑：苑　菲**　　　　　　　　**封面设计：乾达文化**

**江苏知识产权实力状况报告 2022**

江苏省知识产权研究会　组织编写

---

出版发行：知识产权出版社 有限责任公司　　网　址：http：//www.ipph.cn

电　　话：010-82004826　　　　　　　　　　　　http：//www.laichushu.com

社　　址：北京市海淀区气象路50号院　　　　邮　编：100081

责编电话：010-82000860转8763　　　　　　　责编邮箱：laichushu@cnipr.com

发行电话：010-82000860转8101　　　　　　　发行传真：010-82000893

印　　刷：北京中献拓方科技发展有限公司　　经　销：新华书店、各大网上书店及相关专业书店

开　　本：787mm×1092mm　1/16　　　　　　印　张：8.5

版　　次：2023年4月第1版　　　　　　　　　印　次：2023年4月第1次印刷

字　　数：120千字　　　　　　　　　　　　定　价：38.00元

ISBN 978-7-5130-8739-1

---

# 编 委 会

# 前　言

党的十八大以来，党中央、国务院对知识产权作出了一系列重大决策和部署，出台了一系列政策措施，推动我国知识产权事业取得了历史性成就。2020年，中共中央政治局就加强我国知识产权保护工作举行第二十五次集体学习，习近平总书记主持学习并发表重要讲话，为新时代全面加强我国知识产权保护工作提供了根本遵循和行动指南，具有重大的政治意义、时代意义、理论意义、战略意义和实践指导意义。江苏省委省政府制定《关于强化知识产权保护的实施意见》及分工方案，将专利质量纳入省高质量发展考核指标体系，将知识产权保护绩效纳入营商环境评价指标，对贯彻落实国家有关文件精神、强化江苏省知识产权保护工作作出了全面部署安排。

随着我国经济社会发展水平不断提高，创新驱动发展已经成为经济发展的核心动力，知识产权在经济社会发展中的重要性日益凸显。江苏省知识产权研究会自2014年开始编制《江苏专利实力指数报告》《江苏知识产权实力状况报告》等书，并持续对外发布，一直致力于将统计学分析方法引入知识产权数据挖掘中，力争揭示影响地区知识产权实力差异的各类因素，为知识产权理论和政策研究人员、实务工作者及相关社会公众提供尽可能翔实、客观的数据和结论。《江苏知识产权实力状况报告 2022》旨在通过对江苏省各设区市知识产权状况的监测与分析，推动知识产权强省建设和江苏省产业高质量发展。本书构建了由 4 个一级指标、10 个二级指标和 38 个三级指标构成的江苏省知识产权实力指标体系。通过测算，江苏省 13 个设区市知识产权实力呈现"苏南❶高、苏北❷低"的特征，知识产权实力前三位依次是南京市、苏州市和南通市。

数据显示，江苏省 2021 年专利密集型产业从业人员数量为 435.32 万人，产业增加值为 19 165.68 亿元，江苏专利密集型产业以 8.95% 的就业人口，创造了 16.47% 的 GDP。专利密集型产业增加值占江苏 GDP 的比重比全国高 4.03 个百分点，专利密集型产业增加值的增幅比全国高 1.54 个百分点，以专利密集型产业为代表的知识产权密集型产业对江苏高质量发展作出了应有的贡献。知识产权密集型产业的发展体现了知识产权、科技创新与产业经济发展的紧密融合。2021 年，江苏省知识产权密集型产业 R&D 经费投入 3129.33 亿元，经费投入占营业收入的比重为 2.99%；R&D 人员数量为 89.04 万人，占从业人员数量的比重为 11.54%。江苏知识产权密集型产业科创产出高，江苏省知识产权密集型产业新产品销售收入 28 524.91 亿元，占营业收入的比重为 27.24%，同比增长 5.47%。从经济效益总体而言，2021 年江苏省知识产权密集型产业利润总额为 7904.71 亿元，资产负债率为 55.27%，较 2020 年上升了 0.85 个百分点。

《江苏知识产权实力状况报告 2022》是多方支持与合作的成果，本书在

---

❶　苏南是江苏省南部地区的简称，包括南京、苏州、无锡、常州、镇江 5 个设区市。

❷　苏北是江苏省北部地区的简称，包括徐州、连云港、宿迁、淮安、盐城 5 个设区市。

指标体系构建、数据获取方面获得了国家知识产权局、江苏省知识产权局、江苏省知识产权保护中心及江苏省统计局等单位的大力支持，在此一并致谢。由于时间有限，本书难免存在疏漏与不足之处，恳请社会各界提出宝贵意见。

江苏省知识产权研究会

2023 年 2 月

# 目　录

# 表目录

# 图目录

# 第一章  绪  论

## 一、指数报告编制背景及意义

2021 年，是江苏省知识产权发展中具有标志性意义的一年，报请江苏省委、省政府审议《江苏省知识产权强省建设纲要（2021—2035 年）》，江苏省政府办公厅印发实施《江苏省"十四五"知识产权发展规划》，明确建设"五区五高"、实施"八项工程"的目标任务，聚焦支撑创新发展，聚力优化营商环境，知识产权创造、保护、运用等各项工作稳中有进，推动引领型知识产权强省建设走在全国前列。

为全面反映江苏省知识产权实力状况，定量分析各地区知识产权创造、运用、保护、环境等方面的发展水平，引导江苏省知识产权事业科学发展，江苏省知识产权研究会继续开展江苏省知识产权实力状况研究工作，通过对江苏省各设区市知识产权状况的监测与分析，客观评价地区知识产权发展状况，挖掘各地区知识产权发展存在差距的根源，为各级知识产权管理部门制定相关政策提供更加可靠的数据支撑，进一步提升地区知识产权实力和科技竞争力，更好地促进知识产权强省建设和江苏产业高质量发展。

## 二、国内外相关研究现状

随着信息社会和知识经济的到来，知识产权的重要性日益突出。目前，知识产权综合实力已成为一个国家、地区、企业及科研单位技术创新水平的重要标志。许多发达国家对知识产权的研究和利用十分重视，并已有多年的理论研究和实践经验。他们建立知识产权专题数据库，不断进行深入的知识产权跟踪调查和分析。美国分别于 2012 年和 2016 年两次发布知识产权密集型产业专题报告，欧盟分别于 2013 年、2016 年和 2019 年三次发布知识产权密集型产业专题报告。以产业对经济的贡献为视角，全面评估知识产权对经济的影响，明确提出知识产权密集型产业是经济的重要支柱。美国 2016 年发布的《知识产权与美国经济：2016 年更新报告》显示，2010—2014 年，美国知识产权密集型产业增加值占 GDP 的比重由 34.8% 增长到 38.2%。欧盟 2019 年发布的《知识产权密集型产业及其在欧盟的经济表现》报告显示，2014—2016 年，欧盟知识产权密集型产业的直接就业人数达到 6300 万人，知识产权密集型产业创造了欧盟经济总量的 45%，价值 6.6 万亿欧元。

国内学者围绕知识产权综合实力的评价主要包括我国区域、企业、高校的知识产权综合实力评价及知识产权保护水平方面的评价。国家知识产权局的黄庆、曹津燕和刘祥等组成的课题组，在区域知识产权综合实力评价指标体系方面进行了一些研究，从专利的数量、质量和价值三方面综合考虑，构建了一套以数量类指标表征专利关注程度，以质量类指标表征科技创新程度，以价值类指标表征专利在市场经济活动中作用的指标体系。其对我国区域的知识产权进行了评价，得出了具有一定意义的评价结果。田高良对现代企业知识产权分析与评价体系作了探讨，对知识产权占有、使用、投资、转让、投入与产出关系等情况进行了全面的分析与评价，从知识产权拥有量及其结构、知识产权投资耗费及其比重、知识产权运营能力和知识产权经济效益四个角度出发，提出知识产权综合评价指标体系。复旦大学知识产权研究中心的陆飞在对国内外有关知识产权评估进行调研的基础上，提出了我国高校知识产权业绩评估的基本原则和技术原则，制订了评估方案，提出了我国高校知识产权业绩评估指标体系。哈尔滨工业大学的王九云在论述了知识产权保护层位的定义及对知识产权保护层位进行评价的必要性、主体和原则的基础上，建立了科学的评价指标体系和评价数据模型，在评价指标体系中引进了技术创新投入、成果指标，其包括了知识产权的管理、规范、利用、贸易、对经济发展的贡献等指标，并给出了科学的评价方法，提出了不同社会主体按高层位标准保护知识产权应采取的对策和措施。

# 第二章　理论基础

## 一、自主知识产权理论

自主知识产权是我国在 20 世纪 90 年代以后才提出的概念，是我国原创的权利形式之一，并且目前已成为我国非常重要的一个术语，频频出现在新闻媒体、学术刊物和政府文件中。自主知识产权理论是知识产权战略基本理论的重要内容之一，包括主动性和主导性两层含义：主动性是指知识产权权利人是由自我内在驱动、不受外界环境干扰而进行技术创新；主导性是指知识产权权利人作为对知识产权的唯一支配者，享有知识产权所带来的大部分或者全部利益的权利。该理论的主要观点是运用自主创新手段，发展我国特有的知识产权，创造原始创新力，开发先进生产力，增强核心竞争力并形成有力支撑力，从而建设创新型国家。

自主知识产权代表着一种突破性的原始创新力，它实现了从知识创新到技术创新的根本性转变，不仅可以引发一个新兴产业的诞生，还可以改变一个传统产业的发展模式。实践表明，自主知识产权作为我国发展创新型经济的原动力，是提高企业自主创新能力的加速器，也是促进企业转型升级的着力点。中国学者已经意识到自主知识产权对企业发展的重要性，有学者研究了中小企业自主知识产权的形成及其作用机理，并系统地对推进我国中小企业自主知识产权的发展提出了对策，突破了关于知识产权的研究主要停留在静态层面的现状。不少学者研究得出，无论是在传统行业，还是在高新技术行业，知识产权都可以算作企业核心竞争力的基础，是企业竞争力中的一个重要环节。由此可见，自主知识产权作为企业的一种无形资产，对企业产生着积极影响，企业可以将多种知识产权进行整合，从而形成其自主知识产权核心竞争力。

当今世界，国家核心竞争力越来越表现为对智力资源和智慧成果的培育、配置、调控和运作，以及对知识产权的拥有、运用能力。知识产权正日益成为国家发展的战略性资源和国际竞争力的核心要素，成为建设创新型国家的重要支撑和掌握发展主动权的关键。我国现在正在发展成为创新型国家的过程中，因此关注自主知识产权自身的动态发展规律，研究我国自主知识产权的成长机制具有十分重要的意义。国家科技重大专项以掌握关乎国计民生和国家安全的关键核心技术为目标，以培育具有核心竞争力的自主知识产权为核心任务，通过多方主体共同参与研发，相关法律规制予以支持，以促进和培育重点战略性新兴产业的发展。但是，我国自主知识产权因受规模、条件等因素的影响，在保护、管理等方面仍存在诸多问题，目前企业的自主知识产权状况并不乐观，更多的是停留在模仿阶段，一些基础产品和技术对外依存度高，有些关键环节存在"卡脖子"风险。

## 二、区域经济理论

区域经济理论是研究区域经济发展一般规律的理论，探究各种社会经济现象及其影响因素。学者杜能创立了农业区位理论,为区域经济的研究奠定了基础。现代区域经济学形成于 20 世纪 50 年代,由艾萨德教授所创立,艾萨德教授在杜能、韦伯、克里斯塔勒和廖什等前人理论的基础上,把成本最小化和利润最大化两大假设引入区域经济学中,从成本最小化和利润最大化两个方面探讨了空间经济的均衡状态。艾萨德教授不仅将理论推导引入实践研究之中,对区域经济学作出了巨大的贡献,还构建了一系列用于区域分析的模型,对区域经济学进入主流经济学产生了深远的影响。

中国地大物博、人口众多,不同地区的自然资源差异很大,统筹区域发展一直是一个重大问题,因此中国的发展离不开中国区域经济的实践总结、理论提炼。中国区域经济学以马克思主义基本原理和中国特色社会主义理论为指导,以中华人民共和国成立以来特别是改革开放以来的伟大实践为基础,将研究对象看成一个系统,抓住区域发展和协调发展两条主线,探索区域发展规律,促进区域高质量协调和发展。区域经济学是一门正在不断丰富和发展的新兴学科,随着中国经济发展进入新时代,特别是进入高质量发展新阶段,中国区域经济学将发挥出越来越重要的作用。中国区域经济学反映了中国区域经济学研究者们关于中国区域经济学的概念、特点、框架结构等的基本认识,也反映了中国区域经济学理论发展现状的全貌,是中国区域经济学研究者们集体智慧的结晶。

现如今,人类社会已进入知识经济时代,在当前的国际政治经济形势下,我国面临着双重挑战,一方面要实现全面工业化,另一方面要缩小与发达国家之间的差距。为此,必须立足于我国区域经济发展伟大实践,从经济实践中寻找灵感,更多地进行区域经济学理论的自主创新。同时,深入研究中国整体及中国各个区域的经济发展规律,这也是中国区域经济学所要研究的核心问题。

## 三、自主创新发展理论

自主创新是指拥有自主知识产权的独特的核心技术并在此基础上实现新产品价值的过程，是结合市场需求和实际情况开展的投入、研发、转化等一系列创新活动，关键在自主，核心在创新。自主创新发展理论认为，创新能力是企业将现有的生产要素进行重新整合而产生的新的发展能力，所谓自主创新，就是要依靠自身力量独立进行技术研发和创造。一方面，自主创新可以促使企业研发出新产品，占领新的市场，扩展经营业务的广度；另一方面，创新可以实现产品的差异化，提升科技含量与质量，形成企业的核心竞争力。

自主创新可以分为三种类型：原始创新、集成创新和在引进消化基础上的再创新。熊彼特最早开始对创新展开研究，他认为在激烈的市场竞争中，企业必须不断革新来谋求生存与发展。自主创新能力作为一种策略性资源，既能体现企业产品的核心竞争力，又能反映企业获得资本的能力，是企业发展的原动力。唐未兵等学者指出，不断地进行自主创新不仅可以维持现有客户，而且还可以挖掘出更多潜在的新客户，有利于扩大市场份额，全面提升企业业绩。还有学者认为，良好的自主创新能力可以向资本市场传递出有利于企业的投资讯息，从而使企业获得外部的资金支持，对企业产生积极的影响。

当今，知识产权对于自主创新系统的整合具有至关重要的影响，它与自主创新相互促进、相互融合、共同发展。企业要明确研发方向，强化知识产权，建立研发和创新的战略储备，努力发展自身的核心技术，使自主知识产权得到很好的转化，最终使企业能够依靠自主知识产权，提高创新能力，增强竞争能力。知识产权基础理论不是一成不变的，而是一个逐步创新和发展的过程，需要不断的新理论传授，从而构建更加完善的知识产权基础理论体系，并运用自主创新不断拓展知识产权基础理论，支撑国家知识产权事业的发展。企业必须重视自主创新与知识产权的协同发展，使两者相辅相成。一方面，努力通过自主知识产权提高企业的创新能力，提高企业的竞争力；另一方面，企业的创新活动要以研发成果的知识产权化为重要战略目标，加快促进知识产权的创造、运用、保护和管理的全面发展。

## 四、指标权重确定及指数计算

本书采用层次分析法（analytic hierarchy process，AHP）确定指标体系权重，这是一种定性和定量相结合、系统、层次化的分析方法。这种方法的特点就是在对复杂决策问题的本质、影响因素及其内在关系等进行深入研究的基础上，利用较少的定量信息使决策的思维过程数学化，从而为多目标、多准则或无结构特性的复杂决策问题提供简便的决策方法，是对难以完全定量的复杂系统作出决策的模型和方法。

层次分析法的原理是根据问题的性质和要达到的总目标，将问题分解为不同的组成因素，并按照因素间的相互关联影响及隶属关系将因素按不同的层次聚集组合，形成一个多层次的分析结构模型，从而最终使问题归结为最低层（供决策的方案、措施等）相对于最高层（总目标）的相对重要权值的确定或相对优劣次序的排定。

层次分析法利用专家的经验和判断能力，依据专家的判断，对同一层次因素的相对重要性进行两两比较，从上至下地进行整合，最终确定权重。

运用层次分析法确定权重的基本步骤主要分为以下几步：①根据已经构建的指标体系建立判断矩阵；②确定各层次指标的相对权重；③进行一致性检验。

层次分析法具体流程如图 2-1 所示。

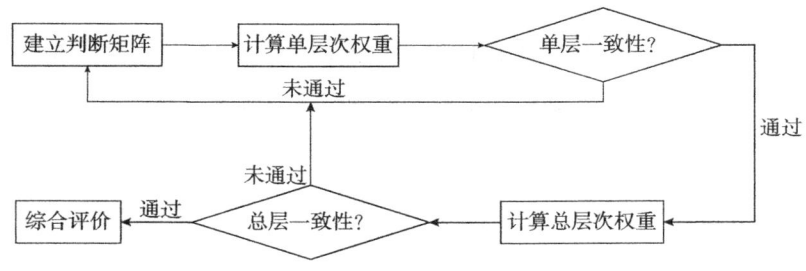

图 2-1　AHP 实施流程

（1）建立判断矩阵

我们引用 1 ~ 9 作为标度来衡量同一级两项指标间的相对重要性，用数值表示两者的重要性差异，最终形成判断矩阵。比率标度见表 2-1。

表 2-1　比率标度

| 标度 | 含义 | 标度 | 含义 | 说明 |
|---|---|---|---|---|
| 1 | $A_i$ 比 $A_j$ 同等重要 | — | — | ①$A_i$ 与 $A_j$ 为同一层次的两个评价指标 ②相对上层某个评价指标判断 ③需要两个判断的折中 |
| 3 | $A_i$ 比 $A_j$ 稍微重要 | 1/3 | $A_i$ 比 $A_j$ 稍微不重要 | |
| 5 | $A_i$ 比 $A_j$ 明显重要 | 1/5 | $A_i$ 比 $A_j$ 明显不重要 | |
| 7 | $A_i$ 比 $A_j$ 强烈重要 | 1/7 | $A_i$ 比 $A_j$ 强烈不重要 | |
| 9 | $A_i$ 比 $A_j$ 极端重要 | 1/9 | $A_i$ 比 $A_j$ 极端不重要 | |
| 2，4，6，8 | 两相邻判断的中间值 | 1/2，1/4，1/6，1/8 | 两相邻判断的中间值 | |

例如，某层次因素集 $U=\{A_1,A_2,\cdots,A_n\}$，将 $A_i$ 与 $A_j$（$i,j=1,2,\cdots,n$）进行相互比较，根据比率标度表确定差异，并进行量化，得到判断矩阵：

$$A=\begin{bmatrix} a_{11} & a_{12} & \cdots & a_{1n} \\ a_{21} & a_{22} & \cdots & a_{2n} \\ \vdots & \vdots & \ddots & \vdots \\ a_{n1} & a_{n2} & \cdots & a_{nn} \end{bmatrix}$$

（2）确定各层次指标的相对权重

对判断矩阵 *A*，计算满足特征根和特征向量，并将特征向量标准化后得到 $W$，$W_1$，$W_2$，…，$W_n^T$ 来作为本层级元素对于其隶属指标的权重。

（3）一致性检验

引入 CI 度量矩阵偏离程度，即判断矩阵 *A* 的最大特征根 max 和 *n* 的差与 *n*-1 之间的比。

$$CI = \frac{\max - n}{n - 1} \qquad (2-1)$$

通常判断矩阵的阶数越大，检验难度越高，通过查找平均随机一致性指标 RI，计算一致性比率 CR 作为检验指标。

通过以上分析可知，在指标权重确定过程中，层次分析法充分考虑了参与打分的专家在解决问题上的主观性，在多层次指标权重的确定上有很强的实用性。本次发放指标权重调查表 9 份，收回 9 份，收回率 100%，在此基础上借助 AHP 软件，最终确定各级指标的权重。

**第一步，建立层次结构模型**。将决策的目标、考虑的因素（决策准则）和决策对象按他们之间的相互关系分成最高层、中间层和最低层，绘制层次结构模型如图 2-2 所示。

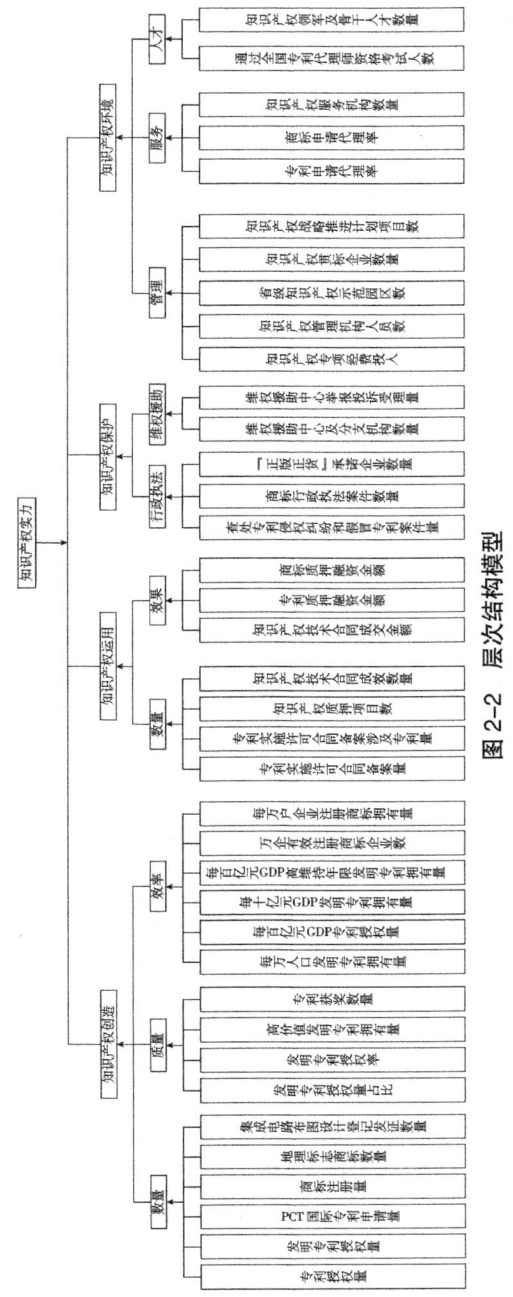

图 2-2 层次结构模型

**第二步，构造判断矩阵。**

（1）最高层判断矩阵

最高层判断矩阵见表 2-2。

**表 2-2　最高层判断矩阵**

| 类别 | 知识产权创造 | 知识产权运用 | 知识产权保护 | 知识产权环境 |
|---|---|---|---|---|
| 知识产权创造 | 1.0 | 2.0 | 2.0 | 2.0 |
| 知识产权运用 | 0.5 | 1.0 | 1.0 | 1.0 |
| 知识产权保护 | 0.5 | 1.0 | 1.0 | 1.0 |
| 知识产权环境 | 0.5 | 1.0 | 1.0 | 1.0 |

（2）中间层判断矩阵

知识产权创造、运用、保护、环境的中间层判断矩阵见表 2-3 至表 2-6。

**表 2-3　中间层 – 知识产权创造的判断矩阵**

| 知识产权创造 | 数量 | 质量 | 效率 |
|---|---|---|---|
| 数量 | 1.00 | 0.50 | 0.33 |
| 质量 | 2.00 | 1.00 | 0.50 |
| 效率 | 3.00 | 2.00 | 1.00 |

**表 2-4　中间层 – 知识产权运用的判断矩阵**

| 知识产权运用 | 数量 | 效果 |
|---|---|---|
| 数量 | 1.0 | 2.0 |
| 效果 | 0.5 | 1.0 |

**表 2-5　中间层 – 知识产权保护的判断矩阵**

| 知识产权保护 | 行政执法 | 维权援助 |
|---|---|---|
| 行政执法 | 1.0 | 2.0 |
| 维权援助 | 0.5 | 1.0 |

表 2-6　中间层 - 知识产权环境的判断矩阵

| 知识产权环境 | 管理 | 服务 | 人才 |
|---|---|---|---|
| 管理 | 1.00 | 1.00 | 3.00 |
| 服务 | 1.00 | 1.00 | 2.00 |
| 人才 | 0.33 | 0.50 | 1.00 |

（3）最低层判断矩阵

知识产权创造数量、创造质量、创造效率、运用数量、运用效果、行政执法、维权援助、环境管理、环境服务、环境人才的最低层判断矩阵见表 2-7 至表 2-16。

表 2-7　最低层 - 知识产权创造数量的判断矩阵

| 创造数量 | 专利授权量 | 发明专利授权量 | PCT 国际专利申请量 | 商标注册量 | 地理标志商标数量 | 集成电路布图设计登记发证数量 |
|---|---|---|---|---|---|---|
| 专利授权量 | 1.00 | 1.00 | 2.00 | 3.00 | 2.00 | 2.00 |
| 发明专利授权量 | 1.00 | 1.00 | 2.00 | 3.00 | 2.00 | 2.00 |
| PCT 国际专利申请量 | 0.50 | 0.50 | 1.00 | 2.00 | 1.00 | 1.00 |
| 商标注册量 | 0.33 | 0.33 | 0.50 | 1.00 | 0.50 | 0.50 |
| 地理标志商标数量 | 0.50 | 0.50 | 1.00 | 2.00 | 1.00 | 1.00 |
| 集成电路布图设计登记发证数量 | 0.50 | 0.50 | 1.00 | 2.00 | 1.00 | 1.00 |

表 2-3　最低层 – 知识产权创造质量的判断矩阵

| 创造质量 | 发明专利授权量占比 | 发明专利授权率 | 高价值发明专利拥有量 | 专利获奖数量 |
|---|---|---|---|---|
| 发明专利授权量占比 | 1.00 | 3.00 | 2.00 | 3.00 |
| 发明专利授权率 | 0.33 | 1.00 | 0.50 | 1.00 |
| 高价值发明专利拥有量 | 0.50 | 2.00 | 1.00 | 2.00 |
| 专利获奖数量 | 0.33 | 1.00 | 0.50 | 1.00 |

表 2-9　最低层 – 知识产权创造效率的判断矩阵

| 创造效率 | 每万人口发明专利拥有量 | 每百亿元GDP专利授权量 | 每十亿元GDP发明专利拥有量 | 每百亿元GDP高维持年限发明专利拥有量 | 万企有效注册商标企业数 | 每万户企业注册商标拥有量 |
|---|---|---|---|---|---|---|
| 每万人口发明专利拥有量 | 1.00 | 1.00 | 1.00 | 1.00 | 1.00 | 5.00 |
| 每百亿元GDP专利授权量 | 1.00 | 1.00 | 1.00 | 1.00 | 1.00 | 4.00 |
| 每十亿元GDP发明专利拥有量 | 1.00 | 1.00 | 1.00 | 1.00 | 1.00 | 4.00 |
| 每百亿元GDP高维持年限发明专利拥有量 | 1.00 | 1.00 | 1.00 | 1.00 | 1.00 | 4.00 |
| 万企有效注册商标企业数 | 1.00 | 1.00 | 1.00 | 1.00 | 1.00 | 4.00 |
| 每万户企业注册商标拥有量 | 0.20 | 0.25 | 0.25 | 0.25 | 0.25 | 1.00 |

表 2-10　最低层－知识产权运用数量的判断矩阵

| 运用数量 | 专利实施许可合同备案量 | 专利实施许可合同备案涉及专利量 | 知识产权质押项目数 | 知识产权技术合同成交数量 |
|---|---|---|---|---|
| 专利实施许可合同备案量 | 1.00 | 1.00 | 1.00 | 1.00 |
| 专利实施许可合同备案涉及专利量 | 1.00 | 1.00 | 1.00 | 1.00 |
| 知识产权质押项目数 | 1.00 | 1.00 | 1.00 | 1.00 |
| 知识产权技术合同成交数量 | 1.00 | 1.00 | 1.00 | 1.00 |

表 2-11　最低层－知识产权运用效果的判断矩阵

| 运用效果 | 知识产权技术合同成交金额 | 专利质押融资金额 | 商标质押融资金额 |
|---|---|---|---|
| 知识产权技术合同成交金额 | 1.00 | 0.50 | 2.00 |
| 专利质押融资金额 | 2.00 | 1.00 | 4.00 |
| 商标质押融资金额 | 0.50 | 0.25 | 1.00 |

表 2-12　最低层－知识产权行政执法的判断矩阵

| 行政执法 | 查处专利侵权纠纷和假冒专利案件量 | 商标行政执法案件数量 | "正版正货"承诺企业数量 |
|---|---|---|---|
| 查处专利侵权纠纷和假冒专利案件量 | 1.00 | 1.00 | 1.00 |
| 商标行政执法案件数量 | 1.00 | 1.00 | 1.00 |
| "正版正货"承诺企业数量 | 1.00 | 1.00 | 1.00 |

表 2-13 最低层 – 知识产权维权援助的判断矩阵

| 维权援助 | 维权援助中心及分支机构数量 | 维权援助中心举报投诉受理量 |
|---|---|---|
| 维权援助中心及分支机构数量 | 1.00 | 1.00 |
| 维权援助中心举报投诉受理量 | 1.00 | 1.00 |

表 2-14 最低层 – 知识产权环境管理的判断矩阵

| 环境管理 | 知识产权专项经费投入 | 知识产权管理机构人员数 | 省级知识产权示范园区数 | 知识产权贯标企业数量 | 知识产权战略推进计划项目数 |
|---|---|---|---|---|---|
| 知识产权专项经费投入 | 1.00 | 0.25 | 0.25 | 0.25 | 0.11 |
| 知识产权管理机构人员数 | 2.00 | 1.00 | 1.00 | 1.00 | 0.50 |
| 省级知识产权示范园区数 | 2.00 | 1.00 | 1.00 | 1.00 | 0.50 |
| 知识产权贯标企业数量 | 4.00 | 1.00 | 1.00 | 1.00 | 0.50 |
| 知识产权战略推进计划项目数 | 9.00 | 2.00 | 2.00 | 2.00 | 1.00 |

表 2-15 最低层 – 知识产权环境服务的判断矩阵

| 环境服务 | 专利申请代理率 | 商标申请代理率 | 知识产权服务机构数量 |
|---|---|---|---|
| 专利申请代理率 | 1.00 | 0.33 | 2.00 |
| 商标申请代理率 | 3.00 | 1.00 | 7.00 |
| 知识产权服务机构数量 | 0.50 | 0.14 | 1.00 |

表 2-16 最低层 – 知识产权环境人才的判断矩阵

| 环境人才 | 通过全国专利代理师资格考试人数 | 知识产权领军及骨干人才数量 |
|---|---|---|
| 通过全国专利代理师资格考试人数 | 1.00 | 1.00 |

| 环境人才 | 通过全国专利代理师资格考试人数 | 知识产权领军及骨干人才数量 |
|---|---|---|
| 知识产权领军及骨干人才数量 | 1.00 | 1.00 |

**第三步，计算权重**。计算中低层所有因素对于最高层（总目标）相对重要性的权值，称为层次总排序。最终，得到江苏省知识产权实力指标体系权重，见表2-17。

表 2-17　江苏省知识产权实力指标体系权重

| 一级指标（权重） | 二级指标（权重） | 三级指标（权重） | | |
|---|---|---|---|---|
| | | 序号 | 单位 | 指标（权重） |
| 知识产权创造（40%） | 数量（6.5%） | 1 | 件 | 专利授权量（1.5%） |
| | | 2 | 件 | 发明专利授权量（1.5%） |
| | | 3 | 件 | PCT 国际专利申请量（1%） |
| | | 4 | 件 | 商标注册量（0.5%） |
| | | 5 | 件 | 地理标志商标数量（1%） |
| | | 6 | 件 | 集成电路布图设计登记发证数量（1%） |
| | 质量（11%） | 7 | % | 发明专利授权量占比（5%） |
| | | 8 | % | 发明专利授权率（1.5%） |
| | | 9 | 件 | 高价值发明专利拥有量（2.5%） |
| | | 10 | 项 | 专利获奖数量（2%） |
| | 效率（22.5%） | 11 | 件 | 每万人口发明专利拥有量（5%） |
| | | 12 | 件 | 每百亿元 GDP 专利授权量（3.5%） |
| | | 13 | 件 | 每十亿元 GDP 发明专利拥有量（4.5%） |
| | | 14 | 件 | 每百亿元 GDP 高维持年限发明专利拥有量（4%） |
| | | 15 | 家 | 万企有效注册商标企业数（4.5%） |
| | | 16 | 件 | 每万户企业注册商标拥有量（1%） |

| 一级指标（权重） | 二级指标（权重） | 三级指标（权重） | | |
|---|---|---|---|---|
| | | 序号 | 单位 | 指标（权重） |
| 知识产权运用（20%） | 数量（12.5%） | 17 | 份 | 专利实施许可合同备案量（3.5%） |
| | | 18 | 件 | 专利实施许可合同备案涉及专利量（3.5%） |
| | | 19 | 个 | 知识产权质押项目数（3%） |
| | | 20 | 项 | 知识产权技术合同成交数量（2.5%） |
| | 效果（7.5%） | 21 | 亿元 | 知识产权技术合同成交金额（2%） |
| | | 22 | 亿元 | 专利质押融资金额（4.5%） |
| | | 23 | 亿元 | 商标质押融资金额（1%） |
| 知识产权保护（20%） | 行政执法（12.5%） | 24 | 件 | 查处专利侵权纠纷和假冒专利案件量（4.5%） |
| | | 25 | 件 | 商标行政执法案件数量（4.5%） |
| | | 26 | 家 | "正版正货"承诺企业数量（3.5%） |
| | 维权援助（7.5%） | 27 | 个 | 维权援助中心及分支机构数量（4.5%） |
| | | 28 | 件 | 维权援助中心举报投诉受理量（3%） |
| 知识产权环境（20%） | 管理（11%） | 29 | 万元 | 知识产权专项经费投入（0.5%） |
| | | 30 | 人 | 知识产权管理机构人员数（2%） |
| | | 31 | 个 | 省级知识产权示范园区数（2%） |
| | | 32 | 家 | 知识产权贯标企业数量（2%） |
| | | 33 | 个 | 知识产权战略推进计划项目数（4.5%） |
| | 服务（5%） | 34 | % | 专利申请代理率（1%） |
| | | 35 | % | 商标申请代理率（3.5%） |
| | | 36 | 个 | 知识产权服务机构数量（0.5%） |
| | 人才（4%） | 37 | 人 | 通过全国专利代理师资格考试人数（2%） |
| | | 38 | 人 | 知识产权领军及骨干人才数量（2%） |

本书采用统计综合评价方法对各级指标进行合成。各级指标经标准化后均可被称为"指数"，计算方法如下。

（1）将各三级指标按照以下规则标准化，得到三级指标的指数 $d_{ij}$（式 2-2）

$$d_{ij} = \frac{\min\left(x_{ij}, \mathrm{med}\left(x_{ij}\right)\right)}{\mathrm{med}\left(x_{ij}\right)} \times 0.6 + \frac{\max\left(x_{ij}, \mathrm{med}\left(x_{ij}\right)\right) - \mathrm{med}\left(x_{ij}\right)}{\max\left(x_{ij}\right) - \mathrm{med}\left(x_{ij}\right)} \times 0.4 \quad （2\text{-}2）$$

其中：$x_{ij}$ 为第 $i$ 个一级指标下的第 $j$ 个三级指标；$\max(x_{ij})$ 为第 $j$ 个三级指标数据的最大值；$\mathrm{med}(x_{ij})$ 为第 $j$ 个三级指标数据的中位值。

（2）二级指标指数 $z_{i\cdot}$ 由三级指标指数加权综合而成（式 2-3）

$$z_{i\cdot} = \sum_{j=1}^{n_i} w_{ij} d_{ij} \Big/ \sum_{j=1}^{n_i} w_{ij} \quad （2\text{-}3）$$

其中：$w_{ij}$ 为各三级指标监测值相应的权数；$n_i$ 为第 $i$ 个二级指标下设三级指标的个数。

（3）一级指标指数 $y_{i\cdot}$ 由二级指标指数加权综合而成（式 2-4）

$$y_{i\cdot} = \sum_{i=1}^{n} w_{i\cdot} z_{i\cdot} \Big/ \sum_{i=1}^{n} w_{i\cdot} \quad （2\text{-}4）$$

其中：$w_{i\cdot}$ 为各二级指标指数的权数；$n$ 为二级指标的个数。

（4）知识产权实力指数 Index 由一级指标指数加权综合而成（式 2-5）

$$\text{Index} = \sum_{i=1}^{n} w_{i\cdot} z_{i\cdot} \Big/ 100 \quad （2\text{-}5）$$

其中：$w_{i\cdot}$ 为各一级指标指数的权数；$n$ 为一级指标的个数。

# 第三章　江苏省知识产权实力综述与分析

## 一、江苏省知识产权实力综述

2021 年是我国知识产权事业发展史上具有里程碑意义的一年。党中央、国务院相继印发知识产权强国建设纲要和"十四五"规划，党的十九届六中全会将"强化知识产权创造、保护、运用"写入党的重大历史决议。这一年，也是江苏省知识产权发展中具有标志性意义的一年。一年来，江苏省知识产权局报请江苏省委、省政府审议《江苏省知识产权强省建设纲要（2021—2035 年）》，江苏省政府办公厅印发实施《江苏省"十四五"知识产权发展规划》，明确建设"五区五高"、实施"八项工程"的目标任务。江苏省政府与国家知识产权局建立新一轮合作会商，签署五年合作会商协议，共建现代产业体系自主可控知识产权强省。全国首部知识产权促进和保护省级地方性法规——《江苏省知识产权促进和保护条例》正式出台，为发挥知识产权制度在江苏省现代化建设中的重要作用提供法治保障。2021 年全年江苏省知识产权综合发展指数位居全国第二位，实现了"十四五"良好开局。具体情况主要表现在以下四个方面。

**（一）坚持质量优先，主要指标量质齐升再上新台阶**

高质量发展导向更加鲜明。将"每万人口高价值发明专利拥有量"纳入江苏省"十四五"经济社会发展主要指标体系，将"每十亿元 GDP 发明专利拥有量"纳入 2021 年度江苏省对设区市高质量发展绩效评价考核共性指标体系，同时苏州、连云港、盐城、宿迁出台知识产权高质量发展政策措施。江苏省发明专利授权量同比增长 49.67%，高于全国水平 16.72 个百分点；万人发明专利拥有量 41.17 件，连续 6 年保持全国省区第一；每万人口高价值发明专利拥有量达 13.99 件，是全国水平的 1.87 倍。在第二十二届中国专利奖评选中获专利金奖 5 项、外观设计金奖 1 项，占金奖总数的 15%，实现历史性突破。围绕打击非正常专利申请和恶意商标注册行为召开会议 4 次、印发文件 5 份，稳妥处理 11 万余件疑似非正常专利申请，前三批撤回率达 98.7%，高于全国平均 1.7 个百分点。

培育示范效应更加彰显。实施高价值专利培育升级工程，13 个设区市均设立市级项目，省级、市级、县级高价值专利培育中心累计达 413 家，在生物医药等领域培育一批高价值专利，得到江苏省委、省政府、省政协领导批示肯定。江苏省已通过验收的 36 家省级示范中心的发明专利授权量占授权总量的 66.85%，是全国水平的 5 倍。

知识产权产出稳步推进。2021 年度，江苏省专利授权量达 64.09 万件，同比增长 28.4%；商标注册量 51.74 万件，同比增长 36.6%；新核准注册地理标志证明商标、集体商标 29 件，同比增长 11.54%；集成电路布图设计登记 2915 件，同比增长 7.84%。

**（二）坚持严格保护，支撑营商环境建设实现新突破**

统筹部署高位推进。江苏省制订贯彻落实《关于强化知识产权保护的实施意见》年度工作计划，10 个设区市出台本地区强化知识产权保护的实施方案或意见，徐州"七聚七提"加强全链条保护，南京市、昆山市、武进高新区在全国率先探索，试点建设知识产权保护示范区。

体系建设率先突破。江苏、无锡、泰州等国家级保护中心获批建设，江苏省保护中心累计 8 家、数量居全国第一，维权援助机构达 163 家，在全国率先提出的"1+13+N"快速协同保护体系初步形成。服务重点备案企业近万家，通过预审发明专利平均审查周期由 22 个月缩短至 6 个月，提供咨询服务 10 672 次，受理维权援助申请 761 件，调解知识产权纠纷 1398 件。

强化执法成效显著。江苏省面向展会、电商平台、实体市场等重点领域，制订行政保护年度工作方案，联合开展冬奥会、冬残奥会奥林匹克标志知识产权保护专项行动。受理长三角区域违法案件线索 37 件、移送 10 件。处理专利侵权纠纷案件 4564 件，同比增长 23.61%，专利行政裁决相关经验被国家知识产权局、司法部在全国推广，2 件案件分别入选全国知识产权行政保护典型案例。与江苏省法院建立知识产权纠纷在线诉调机制，调解案件 1021 件。

知识产权保护社会满意度进一步提升，涉外保护深入推进。江苏省获批国家海外知识产权纠纷应对指导中心地方分中心累计 3 家，设立中国以色列常州创新园工作站和韩国、法国 2 家海外工作站。发布"一带一路"重要支点国家和主要投资贸易国知识产权维权援助指引，制定《境外展会知识产权纠纷应对指南》，编印美国"337 调查"与应对江苏企业案例分析。追踪涉江苏企业"337 调查"案件 7 起，指导 32 家企业积极应对海外知识产权纠纷，支持南通打造"知联侨"海外服务中心。在疫情防控形势复杂多变的情况下，成功举办了第十七届中国（无锡）国际设计博览会、国际知识产权应用暨项目合作大会等重大活动，展示了江苏省依法保护知识产权的良好环境。

### （三）坚持价值导向，助力产业自主可控塑造新优势

产业强链深入推进。江苏省聚焦先进制造业集群和"531"产业强链行动，首批促成紫金山实验室等 10 个创新载体与国家专利审查协作江苏中心开展"产才对接"，指导新建集成电路等产业知识产权联盟 5 家、累计 17 家。南京、常州、镇江等专利导航全面融入地方产业发展。

企业能力不断提升。江苏省制定《省重大创新载体重点企业名录》，实施企业分级分类培育，举办企业高管知识产权师培训班 20 期、培训 3000 余人，新增知识产权贯标企业 7399 家、累计 2.5 万家，实施战略推进计划企业 50 家、累计 949 家，企业专利授权量占总量的比重达 85.28%，比 2020 年提高 1.18 个百分点，万企有效注册商标企业数 1014 家，比 2020 年年底增长 107 家。

品牌培育逐步深化。持续推进"苏地优品"培育、宣传、推介，5 件地理标志入选国家首批地理标志运用促进重点联系指导项目，徐州邳州、淮安盱眙获批建设国家地理标志产品保护示范区，南京建成地理标志产品追溯平台，扬州"地理标志助力乡村振兴促进共同富裕"的做法被权威媒体广泛报道，镇江在江苏省率先探索建设商标品牌指导站。

转化运用全面提速。江苏省实施专利转化专项计划，获中央财政资金奖补 1 亿元，支持 20 家高校院所、5 家产业园区建设知识产权运营中心，8 家机构搭建公共服务平台，4 个设区市建设专利转化引领城市，大力促进知识产权转化运用。南京、苏州知识产权证券化实现新突破，2 项经验入选国务院全面深化服务贸易创新发展试点最佳实践案例，无锡开展全国首笔集成电路布图设计专有权质押贷款，泰州积极筹建知识产权运用促进中心。江苏省专利商标质押融资金额达 286 亿元，同比增长 81.63%，惠及企业 2555 家，同比增长 72.17%，其中 1000 万元以下普惠性贷款惠及企业数占比达 86.97%，"互联网＋知识产权＋金融"模式被中国银行、中国建设银行总行

在全国推广。知识产权军民融合试点工作在国家考核中取得优异成绩。

**（四）坚持便民利企，满足创新主体需求彰显新作为**

"放管服"改革持续深化。江苏省全面推进"互联网＋政务服务"，知识产权代办业务线上办理率超 98%。减费惠企政策常态开展，办理费减备案企事业单位 8.8 万家，推荐优先审查 1.22 万件，同比增长 60.1%。"知识产权保护一件事集成服务"入选国家发展和改革委员会和科学技术部全面创新改革任务揭榜清单。徐州、连云港、盐城、泰州获批建设国家知识产权局商标业务窗口，江苏省累计运到 12 家。南京、苏州实现知识产权业务受理"一窗通办"。江苏省知识产权局首次获江苏省社会信用体系建设考评第一等次。

"信息化"体系加速形成。江苏省知识产权大数据平台上线；新获批高校国家知识产权信息服务中心 3 家、累计 10 家；新建技术与创新支持中心（TISC）2 家、累计 5 家；认定首批江苏省知识产权信息公共服务网点 40 家，其中备案国家网点 6 家；实现了信息公共服务机构设区市全覆盖。

"集聚区"效应逐步显现。无锡依托保护中心建设服务业集聚区取得显著成效，苏州高新区、南京江宁区知识产权服务业集聚区获批开展国家专利代理对外开放试点，南通、镇江服务业加速集聚。江苏省新增专利代理机构 174 家、累计达 727 家，新增商标代理机构 1381 家、累计达 5200 余家，知识产权服务机构总数超过 6000 家。网上定期公开江苏省专利代理机构基本信息和专利代理质量信息，为创新主体高效便捷选择知识产权代理服务提供有效参考。

## 二、江苏及各设区市重点产业专利实力分析

江苏省 2021 年先进制造业发明专利申请和授权分别为 66 403 件和 22 583 件，均居全国第三。2021 年，江苏省先进制造业集群发明专利申请主要集中

在物联网、新能源（智能网联）汽车、高端新材料产业，占先进制造业集群专利总量的比例分别达到 16.52%、11.40%、10.69%，上述三个产业发明专利申请量合计达到 35 517 件，占先进制造业集群发明专利申请量的 38.60%。先进制造业集群发明专利授权主要集中在物联网、高端新材料、新能源（智能网联）汽车产业，三个产业发明专利授权量合计达到 12 481 件，占先进制造业集群发明专利授权总量的 41.00%。对比 2020 年，江苏省先进制造业集群发明专利申请量增幅最快的集群分别是绿色食品、新兴数字、信息通信，年度增幅分别达到 35.90%、29.34%、22.51%；江苏省先进制造业集群发明专利授权量增幅最快的集群分别是高端纺织、绿色食品、高端装备，年度增幅分别达到 418.64%、93.41%、89.26%。从江苏占据优势的新型电力和新能源装备产业专利实力来看，专利申请主要集中在苏州、南京、无锡，分别占 21.67%、20.51%、12.49%；专利授权主要集中在苏州、南京、无锡，分别占 21.83%、17.99%、13.53%。从申请主体看，江苏省专利申请量排名前十的专利申请人中高校和企业各占一半，江苏省排名第一的是苏州阿特斯阳光电力科技有限公司，专利申请量为 236 件，申请最多的高校是东南大学，专利申请量为 113 件。从先进制造业的前沿新材料产业专利实力来看，江苏 2021 年专利申请量 19 008 件，其中特钢材料、碳纤维、纳米材料分别为 1334 件、1496 件、3062 件。从区域布局看，主要集中在苏州、南京和无锡，分别占 33.10%、13.64%、11.05%，合计占比 57.79%。从申请主体看，排名前十的专利申请人均为高校科研院所。从特钢材料产业研究技术领域看，江苏、广东和北京的研发重点及专利申请量由高到低均依次为制备方法、装置、应用等技术领域；在碳纤维领域，江苏的研发重点及专利申请量由高到低依次为碳纤维设备、应用等，广东为产品工艺、设备等，北京为产品工艺、应用等；在纳米材料领域，江苏、北京和上海的研发重点及专利申请量由高到低均依次为制备、检测与表征、应用等。

从先进制造业集群专利设区市区域分布来看，苏南先进制造业集群发明专利申请公开量 70 873 件，同比增长 14.85%，占江苏省先进制造业集群发明专利申请公开量的 77.02%；苏中先进制造业集群发明专利申请公开量 11 055 件，同比增长 20.06%，占江苏省先进制造业集群发明专利申请公开量的 12.01%；苏北先进制造业集群发明专利申请公开量 10 086 件，同比增长 8.90%，占江苏省先进制造业集群发明专利申请公开量的 10.96%。先进制造业集群发明专利申请公开量前三位依次是南京市、苏州市、无锡市。苏南先进制造业集群发明专利授权量 24 227 件，同比增长 57.53%，占江苏省先进制造业集群发明专利授权量的 79.58%；苏中先进制造业集群发明专利授权量 3145 件，同比增长 94.86%，占江苏省先进制造业集群发明专利授权量的 10.33%；苏北先进制造业集群发明专利授权量 3073 件，同比增长 42.20%，占江苏省先进制造业集群发明专利授权量的 10.09%。先进制造业集群发明专利授权量前三位依次是南京市、苏州市、无锡市。

## 三、江苏省知识产权实力分析

本书从知识产权创造、运用、保护和环境 4 个方面对 2021 年江苏省知识产权实力进行排名与分析，得出各市知识产权实力状况总体呈现"苏南高、苏北低"的特征，江苏省知识产权实力指数居前三位的依次是南京市、苏州市和南通市，居后三位的依次是淮安市、连云港市和宿迁市，后三位均为苏北城市。江苏省各设区市知识产权实力不均衡，排名第 1 位的南京市与排名第 13 位的宿迁市，知识产权实力指数相差 0.5301（表 3–1）。

表 3-1　2021 年江苏省各设区市知识产权实力指数

| 地区 | 知识产权实力 | |
|---|---|---|
| | 指数 | 排名 |
| 南京市 | 0.8640 | 1 |
| 苏州市 | 0.8032 | 2 |
| 南通市 | 0.6912 | 3 |
| 无锡市 | 0.6819 | 4 |
| 常州市 | 0.6542 | 5 |
| 徐州市 | 0.5584 | 6 |
| 镇江市 | 0.5541 | 7 |
| 盐城市 | 0.5297 | 8 |
| 扬州市 | 0.4881 | 9 |
| 泰州市 | 0.4682 | 10 |
| 淮安市 | 0.4236 | 11 |
| 连云港市 | 0.3908 | 12 |
| 宿迁市 | 0.3339 | 13 |

　　知识产权实力指数排名第 1 位的南京市知识产权实力指数约是宿迁市知识产权实力指数的 2.59 倍，主要表现在南京市的知识产权创造 - 质量、知识产权运用 - 数量、知识产权保护 - 维权援助、知识产权环境 - 人才等指标指数明显高于宿迁市（表 3-2）。

表 3-2　2021 年南京市、宿迁市知识产权实力指数比较

| 指标 | 指标指数 | | 指标指数绝对差异（南京市 - 宿迁市） | 指标指数相对差异（南京市 / 宿迁市） |
|---|---|---|---|---|
| | 南京市 | 宿迁市 | | |
| 知识产权实力 | 0.8640 | 0.3339 | 0.5301 | 2.59 |
| 知识产权创造 - 质量 | 0.9699 | 0.1632 | 0.8067 | 5.94 |
| 知识产权运用 - 数量 | 1.0000 | 0.2345 | 0.7655 | 4.26 |

续表

| 指标 | 指标指数 | | 指标指数绝对差异<br>（南京市 – 宿迁市） | 指标指数相对差异<br>（南京市 / 宿迁市） |
| --- | --- | --- | --- | --- |
| | 南京市 | 宿迁市 | | |
| 知识产权保护 – 维权援助 | 0.8014 | 0.5180 | 0.2834 | 1.55 |
| 知识产权环境 – 人才 | 1.0000 | 0.2843 | 0.7157 | 3.52 |

运用统计上四分位数 ❶ 的概念，将 13 个设区市根据 2021 年知识产权实力指数的大小划分为四个类别（图 3-1）。

第一类：南京市、苏州市、南通市。

第二类：无锡市、常州市、徐州市。

第三类：镇江市、盐城市、扬州市。

第四类：泰州市、淮安市、连云港市、宿迁市。

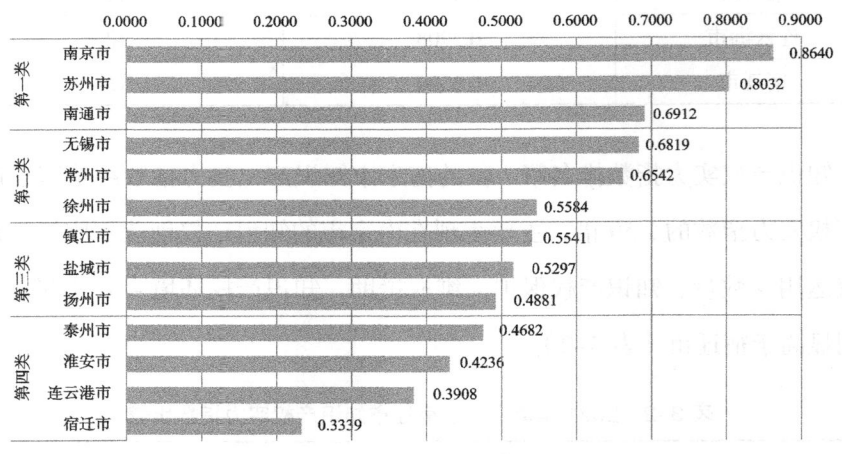

图 3-1  2021 年江苏知识产权实力指数地区分类

❶  四分位数，是指在统计学中把所有数值由小到大排列并分成四等份，处于三个分割点位置的数值。

# 第四章　地区知识产权实力分析

## 一、地区知识产权实力一级指标设计与分析

### （一）地区知识产权实力一级指标设计

知识产权实力指标体系下设 4 个一级指标：知识产权创造、知识产权运用、知识产权保护和知识产权环境（图 4–1）。

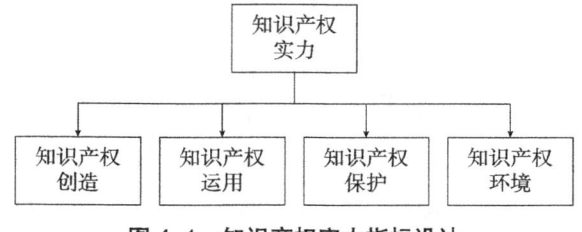

图 4–1　知识产权实力指标设计

### （二）地区知识产权实力一级指标分析

总体来看，知识产权创造、知识产权运用、知识产权保护和知识产权环境 4 项一级指标均呈现苏南高、苏北低的特征。从 4 项一级指标江苏省前三

位的分布来看，知识产权创造指标前三位依次是南京市、苏州市、常州市，均为苏南城市；知识产权运用指标前三位依次是南京市、苏州市、无锡市，均为苏南城市；知识产权保护指标前三位依次是南京市、盐城市、苏州市；知识产权环境指标前三位依次是南京市、苏州市、南通市。13 个设区市中，南京市知识产权创造、运用、保护和环境 4 项指标均位居江苏省首位。

从各地区 4 项一级指标发展的均衡性来看，南京市、苏州市、南通市、连云港市 4 个设区市 4 项一级指标发展较为均衡，4 项一级指标江苏省位次的差异不超过 2（表 4-1）。

表 4-1　2021 年江苏省各设区市知识产权实力及其一级指标

| 地区 | 知识产权实力 | | 知识产权创造 | | 知识产权运用 | | 知识产权保护 | | 知识产权环境 | |
|---|---|---|---|---|---|---|---|---|---|---|
| | 指数 | 排名 | 指数 | 排名 | 指数 | 排名 | 指数 | 排名 | 指数 | 排名 |
| 南京市 | 0.8640 | 1 | 0.8973 | 1 | 0.9395 | 1 | 0.7275 | 1 | 0.8586 | 1 |
| 无锡市 | 0.6819 | 4 | 0.6967 | 5 | 0.7611 | 3 | 0.5769 | 7 | 0.6778 | 5 |
| 徐州市 | 0.5584 | 6 | 0.5935 | 7 | 0.5637 | 5 | 0.4867 | 10 | 0.5544 | 8 |
| 常州市 | 0.6542 | 5 | 0.7110 | 3 | 0.5345 | 6 | 0.5820 | 6 | 0.7325 | 4 |
| 苏州市 | 0.8032 | 2 | 0.8459 | 2 | 0.7824 | 2 | 0.6847 | 3 | 0.8574 | 2 |
| 南通市 | 0.6912 | 3 | 0.7060 | 4 | 0.6856 | 4 | 0.6060 | 4 | 0.7525 | 3 |
| 连云港市 | 0.3908 | 12 | 0.4295 | 11 | 0.3192 | 12 | 0.4064 | 13 | 0.3693 | 12 |
| 淮安市 | 0.4236 | 11 | 0.3336 | 12 | 0.5196 | 7 | 0.4878 | 9 | 0.4433 | 11 |
| 盐城市 | 0.5297 | 8 | 0.4635 | 10 | 0.4858 | 8 | 0.7054 | 2 | 0.5304 | 10 |
| 扬州市 | 0.4881 | 9 | 0.4637 | 9 | 0.4495 | 9 | 0.4816 | 11 | 0.5821 | 6 |
| 镇江市 | 0.5541 | 7 | 0.6322 | 6 | 0.3658 | 10 | 0.5881 | 5 | 0.5523 | 9 |
| 泰州市 | 0.4682 | 10 | 0.4813 | 8 | 0.3473 | 11 | 0.4674 | 12 | 0.5637 | 7 |
| 宿迁市 | 0.3339 | 13 | 0.2686 | 13 | 0.2165 | 13 | 0.5597 | 8 | 0.3558 | 13 |

## 二、地区知识产权实力二级指标分析

### （一）知识产权创造二级指标分析

1. 指标设计

知识产权创造指标下设 3 个二级指标：知识产权创造－数量、知识产权创造－质量和知识产权创造－效率（图 4-2）。

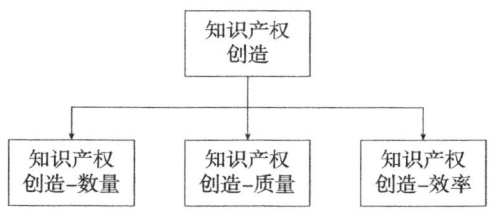

**图 4-2　知识产权创造二级指标设计**

2. 地区知识产权创造实力分析

总体来看，知识产权创造－数量和知识产权创造－效率 2 项二级指标均呈现苏南高、苏北低的特征，知识产权创造－质量指标呈现苏南苏中高、苏北低的特征。从 3 项二级指标江苏省前三位的分布来看，知识产权创造－数量指标前三位依次是苏州市、南京市、无锡市，知识产权创造－质量指标前三位依次是南京市、南通市、苏州市，知识产权创造－效率指标前三位依次是苏州市、南京市、常州市。13 个设区市中，苏州市和南京市 3 项二级指标均进入江苏省前三位。

从各地区 3 项二级指标发展的均衡性来看，除无锡市和镇江市外，其余 11 个设区市 3 项二级指标发展较为均衡，3 项二级指标江苏省位次的差异不超过 3（表 4-2）。

表 4-2　2021 年江苏知识产权创造及其二级指标

| 地区 | 知识产权创造 | | 知识产权创造 - 数量 | | 知识产权创造 - 质量 | | 知识产权创造 - 效率 | |
|---|---|---|---|---|---|---|---|---|
| | 指数 | 排名 | 指数 | 排名 | 指数 | 排名 | 指数 | 排名 |
| 南京市 | 0.8973 | 1 | 0.8448 | 2 | 0.9699 | 1 | 0.8770 | 2 |
| 无锡市 | 0.6967 | 5 | 0.6913 | 3 | 0.6129 | 7 | 0.7393 | 4 |
| 徐州市 | 0.5935 | 7 | 0.6142 | 6 | 0.6352 | 5 | 0.5672 | 7 |
| 常州市 | 0.7110 | 3 | 0.6304 | 5 | 0.6204 | 6 | 0.7786 | 3 |
| 苏州市 | 0.8459 | 2 | 0.8908 | 1 | 0.7141 | 3 | 0.8973 | 1 |
| 南通市 | 0.7060 | 4 | 0.6467 | 4 | 0.7220 | 2 | 0.7153 | 5 |
| 连云港市 | 0.4295 | 11 | 0.3856 | 11 | 0.5069 | 8 | 0.4044 | 11 |
| 淮安市 | 0.3336 | 12 | 0.3655 | 12 | 0.3520 | 12 | 0.3154 | 13 |
| 盐城市 | 0.4635 | 10 | 0.5128 | 7 | 0.4736 | 9 | 0.4443 | 10 |
| 扬州市 | 0.4637 | 9 | 0.4986 | 8 | 0.4020 | 10 | 0.4837 | 9 |
| 镇江市 | 0.6322 | 6 | 0.4700 | 9 | 0.7032 | 4 | 0.6444 | 6 |
| 泰州市 | 0.4813 | 8 | 0.4517 | 10 | 0.3921 | 11 | 0.5335 | 8 |
| 宿迁市 | 0.2686 | 13 | 0.2726 | 13 | 0.1632 | 13 | 0.3190 | 12 |

**（二）知识产权运用二级指标分析**

1. 指标设计

知识产权运用指标下设 2 个二级指标：知识产权运用 - 数量、知识产权运用 - 效果（图 4-3）。

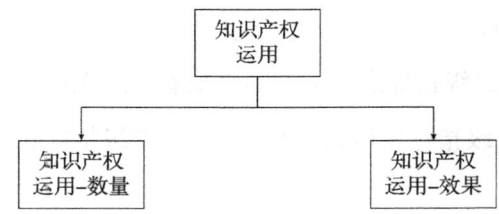

图 4-3　知识产权运用二级指标设计

2. 地区知识产权运用实力分析

总体来看，知识产权运用 – 数量、知识产权运用 – 效果 2 项二级指标均呈现苏南高、苏北低的特征。从 2 项二级指标江苏省前三位的分布来看，知识产权运用 – 数量指标前三位依次是南京市、淮安市、苏州市；知识产权运用 – 效果指标前三位依次是苏州市、无锡市、南京市，均为苏南城市。13 个设区市中，南京市知识产权运用 – 数量、知识产权运用 – 效果 2 项二级指标分列江苏省第 1 位、第 3 位，苏州市 2 项二级指标分列江苏省第 3 位、第 1 位。

从各地区 2 项二级指标发展的均衡性来看，除连云港市和淮安市外，其余 11 个设区市知识产权运用 – 数量和知识产权运用 – 效果 2 项二级指标发展较为均衡，2 项二级指标江苏省位次的差异不超过 3（表 4–3）。

表 4–3　2021 年江苏知识产权运用及其二级指标

| 地区 | 知识产权运用 | | 知识产权运用 – 数量 | | 知识产权运用 – 效果 | |
|---|---|---|---|---|---|---|
| | 指数 | 排名 | 指数 | 排名 | 指数 | 排名 |
| 南京市 | 0.9395 | 1 | 1.0000 | 1 | 0.8388 | 3 |
| 无锡市 | 0.7611 | 3 | 0.6783 | 4 | 0.8992 | 2 |
| 徐州市 | 0.5637 | 5 | 0.5938 | 7 | 0.5137 | 7 |
| 常州市 | 0.5345 | 6 | 0.6019 | 6 | 0.4222 | 9 |
| 苏州市 | 0.7824 | 2 | 0.6787 | 3 | 0.9552 | 1 |
| 南通市 | 0.6856 | 4 | 0.6585 | 5 | 0.7308 | 4 |
| 连云港市 | 0.3192 | 12 | 0.1737 | 13 | 0.5617 | 5 |
| 淮安市 | 0.5196 | 7 | 0.6911 | 2 | 0.2337 | 12 |
| 盐城市 | 0.4858 | 8 | 0.5033 | 8 | 0.4565 | 8 |
| 扬州市 | 0.4495 | 9 | 0.4071 | 9 | 0.5200 | 6 |
| 镇江市 | 0.3658 | 10 | 0.3964 | 10 | 0.3149 | 11 |
| 泰州市 | 0.3473 | 11 | 0.3270 | 11 | 0.3811 | 10 |
| 宿迁市 | 0.2165 | 13 | 0.2345 | 12 | 0.1866 | 13 |

## （三）知识产权保护二级指标分析

1. 指标设计

知识产权保护指标下设 2 个二级指标：知识产权保护 – 行政执法和知识产权保护 – 维权援助（图 4–4）。

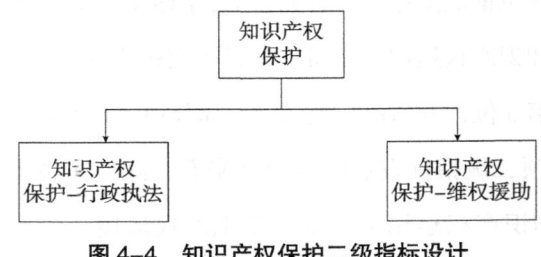

**图 4–4　知识产权保护二级指标设计**

2. 地区知识产权保护实力分析

总体来看，知识产权保护 – 行政执法指标呈现苏南高、苏北低的特征。从 2 项二级指标江苏省前三位的分布来看，知识产权保护 – 行政执法指标前三位依次是无锡市、苏州市、南京市，知识产权保护 – 维权援助指标前三位依次是南京市、盐城市、苏州市。13 个设区市中，南京市知识产权保护 – 行政执法、知识产权保护 – 维权援助 2 项二级指标分别位居江苏省第 3 位和第 1 位。

从各地区 2 项二级指标发展的均衡性来看，南京市、徐州市、常州市、苏州市、南通市、淮安市、盐城市、扬州市、宿迁市 9 个设区市的知识产权保护 – 行政执法、知识产权保护 – 维权援助 2 项二级指标发展较为均衡，2 项二级指标江苏省位次的差异不超过 3（表 4–4）。

**表 4–4　2021 年江苏知识产权保护及其二级指标**

| 地区 | 知识产权保护 | | 知识产权保护 – 行政执法 | | 知识产权保护 – 维权援助 | |
|------|------|------|------|------|------|------|
| | 指数 | 排名 | 指数 | 排名 | 指数 | 排名 |
| 南京市 | 0.7275 | 1 | 0.6832 | 3 | 0.8014 | 1 |

续表

| 地区 | 知识产权保护 | | 知识产权保护 – 行政执法 | | 知识产权保护 – 维权援助 | |
|---|---|---|---|---|---|---|
| | 指数 | 排名 | 指数 | 排名 | 指数 | 排名 |
| 无锡市 | 0.5769 | 7 | 0.7596 | 1 | 0.2724 | 13 |
| 徐州市 | 0.4867 | 10 | 0.5135 | 10 | 0.4421 | 11 |
| 常州市 | 0.5820 | 6 | 0.5586 | 7 | 0.6211 | 5 |
| 苏州市 | 0.6847 | 3 | 0.7047 | 2 | 0.6514 | 3 |
| 南通市 | 0.6060 | 4 | 0.6635 | 5 | 0.5101 | 8 |
| 连云港市 | 0.4064 | 13 | 0.3511 | 13 | 0.4986 | 9 |
| 淮安市 | 0.4878 | 9 | 0.4832 | 11 | 0.4954 | 10 |
| 盐城市 | 0.7054 | 2 | 0.6726 | 4 | 0.7600 | 2 |
| 扬州市 | 0.4816 | 11 | 0.5234 | 9 | 0.4119 | 12 |
| 镇江市 | 0.5881 | 5 | 0.5583 | 8 | 0.6378 | 4 |
| 泰州市 | 0.4674 | 12 | 0.4073 | 12 | 0.5674 | 6 |
| 宿迁市 | 0.5597 | 8 | 0.5847 | 6 | 0.5180 | 7 |

## （四）知识产权环境二级指标分析

### 1. 指标设计

知识产权环境指标下设 3 个二级指标：知识产权环境 – 管理、知识产权环境 – 服务和知识产权环境 – 人才（图 4-5）。

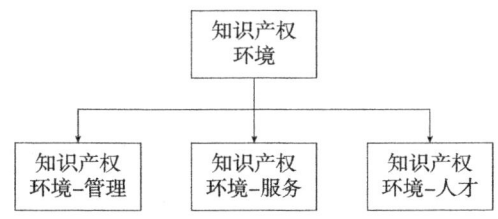

图 4-5　知识产权环境二级指标设计

2. 地区知识产权环境实力分析

总体来看，知识产权环境－管理、知识产权环境－服务和知识产权环境－人才 3 项二级指标均呈现苏南高、苏北低的特征。从 3 项二级指标江苏省前三位的分布来看，知识产权环境－管理指标前三位依次是苏州市、南京市、南通市；知识产权环境－服务指标前三位依次是南通市、南京市、常州市；知识产权环境－人才指标前三位依次是南京市、苏州市、常州市，均为苏南城市。13 个设区市中，南京市知识产权环境－人才指标位居江苏省首位，知识产权环境－管理、知识产权环境－服务 2 项二级指标均位居江苏省第 2 位。

从各地区 3 项二级指标发展的均衡性来看，南京市、无锡市、常州市、连云港市、盐城市、镇江市、宿迁市 7 个设区市的知识产权环境－管理、知识产权环境－服务、知识产权环境－人才 3 项二级指标发展较为均衡，3 项二级指标江苏省位次的差异不超过 3（表 4–5）。

表 4–5 2021 年江苏知识产权环境及其二级指标

| 地区 | 知识产权环境 | | 知识产权环境－管理 | | 知识产权环境－服务 | | 知识产权环境－人才 | |
|---|---|---|---|---|---|---|---|---|
| | 指数 | 排名 | 指数 | 排名 | 指数 | 排名 | 指数 | 排名 |
| 南京市 | 0.8586 | 1 | 0.8188 | 2 | 0.8329 | 2 | 1.0000 | 1 |
| 无锡市 | 0.6778 | 5 | 0.6838 | 5 | 0.6920 | 6 | 0.6435 | 4 |
| 徐州市 | 0.5544 | 8 | 0.5335 | 10 | 0.5523 | 9 | 0.6147 | 5 |
| 常州市 | 0.7325 | 4 | 0.7118 | 4 | 0.8278 | 3 | 0.6704 | 3 |
| 苏州市 | 0.8574 | 2 | 0.9463 | 1 | 0.5984 | 7 | 0.9368 | 2 |
| 南通市 | 0.7525 | 3 | 0.7478 | 3 | 0.8737 | 1 | 0.6140 | 6 |
| 连云港市 | 0.3693 | 12 | 0.3370 | 13 | 0.4593 | 12 | 0.3460 | 11 |
| 淮安市 | 0.4433 | 11 | 0.3729 | 11 | 0.7695 | 5 | 0.2292 | 13 |
| 盐城市 | 0.5304 | 10 | 0.5913 | 7 | 0.5393 | 10 | 0.3520 | 10 |
| 扬州市 | 0.5821 | 6 | 0.5411 | 9 | 0.7972 | 4 | 0.4258 | 8 |

续表

| 地区 | 知识产权环境 | | 知识产权环境 – 管理 | | 知识产权环境 – 服务 | | 知识产权环境 – 人才 | |
|------|------|------|------|------|------|------|------|------|
| | 指数 | 排名 | 指数 | 排名 | 指数 | 排名 | 指数 | 排名 |
| 镇江市 | 0.5523 | 9 | 0.5779 | 8 | 0.5934 | 8 | 0.4304 | 7 |
| 泰州市 | 0.5637 | 7 | 0.6395 | 6 | 0.5135 | 11 | 0.4179 | 9 |
| 宿迁市 | 0.3558 | 13 | 0.3609 | 12 | 0.4017 | 13 | 0.2843 | 12 |

## 三、地区知识产权实力三级指标分析

### （一）知识产权创造三级指标分析

1. 知识产权创造 – 数量指标

（1）指标设计

知识产权创造 – 数量指标下设 6 个三级指标：专利授权量、发明专利授权量、PCT 国际专利申请量、商标注册量、地理标志商标数量、集成电路布图设计登记发证数量（图 4-6）。

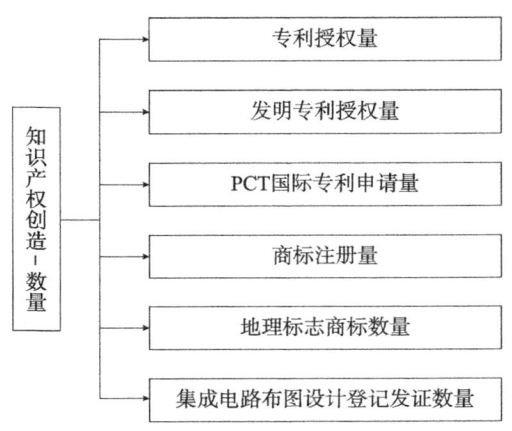

**图 4-6　知识产权创造 – 数量三级指标设计**

（2）知识产权创造 – 数量指标分析

总体来看，专利授权量、发明专利授权量、PCT国际专利申请量、商标注册量、集成电路布图设计登记发证数量5项三级指标均呈现苏南高、苏北低的特征。从6项三级指标江苏省前三位的分布来看，专利授权量、PCT国际专利申请量、集成电路布图设计登记发证数量3项指标的前三位均分布在南京市、无锡市和苏州市，均为苏南城市；发明专利授权量指标前三位依次是南京市、苏州市和南通市；地理标志商标数量指标前三位依次是淮安市、盐城市和扬州市。13个设区市中，南京市和苏州市专利授权量、发明专利授权量、PCT国际专利申请量、商标注册量、集成电路布图设计登记发证数量5项三级指标均进入江苏省前三位。

从各地区6项三级指标发展的均衡性来看，南通市6项三级指标江苏省位次的差异为3，指标间发展较为均衡。除南通市外，其他12个设区市6项三级指标江苏省位次的差异均超过3，指标间发展较为不均衡（表4-6）。

2. 知识产权创造 – 质量指标

（1）指标设计

知识产权创造 – 质量指标下设4个三级指标：发明专利授权量占比、发明专利授权率、高价值发明专利拥有量、专利获奖数量（图4-7）。

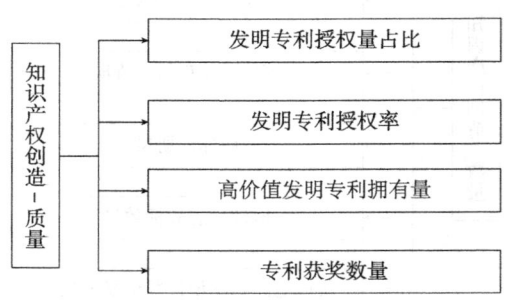

**图 4- 7　知识产权创造 – 质量三级指标设计**

表4-6 2021年江苏知识产权创造-数量及其三级指标

| 地区 | 知识产权创造-数量 | | 专利授权量 | | 发明专利授权量 | | PCT国际专利申请量 | | 商标注册量 | | 地理标志商标数量 | | 集成电路布图设计登记发证数量 | |
|---|---|---|---|---|---|---|---|---|---|---|---|---|---|---|
| | 指数 | 排名 | 指数 | 排名 | 指数 | 排名 | 指数 | 排名 | 指数 | 排名 | 指数 | 排名 | 指数 | 排名 |
| 南京市 | 0.8448 | 2 | 0.7614 | 2 | 1.0000 | 1 | 0.8152 | 2 | 0.8673 | 2 | 0.6000 | 6 | 1.0000 | 1 |
| 无锡市 | 0.6913 | 3 | 0.7301 | 3 | 0.6630 | 4 | 0.6664 | 3 | 0.6726 | 4 | 0.5625 | 9 | 0.8386 | 3 |
| 徐州市 | 0.6142 | 6 | 0.6332 | 5 | 0.6374 | 6 | 0.5778 | 8 | 0.6921 | 3 | 0.5625 | 8 | 0.6000 | 7 |
| 常州市 | 0.6304 | 5 | 0.6679 | 4 | 0.6423 | 5 | 0.6326 | 4 | 0.6146 | 6 | 0.5625 | 10 | 0.6297 | 5 |
| 苏州市 | 0.8908 | 1 | 1.0000 | 1 | 0.8531 | 2 | 1.0000 | 1 | 1.0000 | 1 | 0.6144 | 5 | 0.8963 | 2 |
| 南通市 | 0.6467 | 4 | 0.6305 | 6 | 0.6788 | 3 | 0.6150 | 6 | 0.6596 | 5 | 0.6541 | 4 | 0.6404 | 4 |
| 连云港市 | 0.3856 | 11 | 0.1992 | 13 | 0.1925 | 12 | 0.6000 | 7 | 0.5941 | 8 | 0.4125 | 13 | 0.6095 | 6 |
| 淮安市 | 0.3655 | 12 | 0.3075 | 12 | 0.2081 | 11 | 0.1704 | 12 | 0.3699 | 12 | 1.0000 | 1 | 0.2471 | 11 |
| 盐城市 | 0.5128 | 7 | 0.5673 | 8 | 0.4934 | 8 | 0.3333 | 10 | 0.5030 | 9 | 0.7514 | 2 | 0.4059 | 10 |
| 扬州市 | 0.4986 | 8 | 0.6000 | 7 | 0.4162 | 9 | 0.2926 | 11 | 0.4390 | 10 | 0.6577 | 3 | 0.5471 | 8 |
| 镇江市 | 0.4700 | 9 | 0.4705 | 10 | 0.6000 | 7 | 0.6154 | 5 | 0.2738 | 13 | 0.4500 | 12 | 0.2471 | 12 |
| 泰州市 | 0.4517 | 10 | 0.5246 | 9 | 0.3286 | 10 | 0.4296 | 9 | 0.4065 | 11 | 0.6000 | 7 | 0.4235 | 9 |
| 宿迁市 | 0.2726 | 13 | 0.3540 | 11 | 0.0987 | 13 | 0.1444 | 13 | 0.6000 | 7 | 0.5250 | 11 | 0.1235 | 13 |

（2）知识产权创造 – 质量指标分析

总体来看，发明专利授权量占比、高价值发明专利拥有量、专利获奖数量 3 项三级指标均呈现苏南高、苏北低的特征。从 4 项三级指标江苏省前三位的分布来看，发明专利授权量占比指标前三位依次是南京市、南通市、镇江市；发明专利授权率指标前三位依次是镇江市、南京市、连云港市；高价值发明专利拥有量指标前三位依次是南京市、苏州市、无锡市，均为苏南城市；专利获奖数量指标前三位依次是苏州市、南京市、常州市，均为苏南城市。13 个设区市中，南京市 4 项指标均位居江苏省前两位。

从各地区 4 项三级指标发展的均衡性来看，宿迁市、南京市、扬州市、徐州市、南通市、盐城市、泰州市 7 个设区市 4 项三级指标江苏省位次的差异不超过 3，指标间发展较为均衡（表 4–7）。

表 4–7　2021 年江苏知识产权创造 – 质量及其三级指标

| 地区 | 知识产权创造 – 质量 | | 发明专利授权量占比 | | 发明专利授权率 | | 高价值发明专利拥有量 | | 专利获奖数量 | |
|---|---|---|---|---|---|---|---|---|---|---|
| | 指数 | 排名 | 指数 | 排名 | 指数 | 排名 | 指数 | 排名 | 指数 | 排名 |
| 南京市 | 0.9699 | 1 | 1.0000 | 1 | 0.9604 | 2 | 1.0000 | 1 | 0.8642 | 2 |
| 无锡市 | 0.6129 | 7 | 0.5140 | 9 | 0.7696 | 4 | 0.7228 | 3 | 0.6050 | 6 |
| 徐州市 | 0.6352 | 5 | 0.6654 | 4 | 0.6000 | 7 | 0.6000 | 7 | 0.6302 | 5 |
| 常州市 | 0.6204 | 6 | 0.6054 | 6 | 0.5881 | 9 | 0.6377 | 5 | 0.6604 | 3 |
| 苏州市 | 0.7141 | 3 | 0.5637 | 8 | 0.5083 | 11 | 0.9095 | 2 | 1.0000 | 1 |
| 南通市 | 0.7220 | 2 | 0.7993 | 2 | 0.6916 | 5 | 0.6552 | 4 | 0.6352 | 4 |
| 连云港市 | 0.5069 | 8 | 0.6251 | 5 | 0.8261 | 3 | 0.2734 | 11 | 0.2640 | 8 |
| 淮安市 | 0.3520 | 12 | 0.4670 | 11 | 0.6767 | 6 | 0.1897 | 12 | 0.0240 | 12 |
| 盐城市 | 0.4736 | 9 | 0.6000 | 7 | 0.5954 | 8 | 0.4211 | 8 | 0.1320 | 10 |
| 扬州市 | 0.4020 | 10 | 0.4786 | 10 | 0.5292 | 10 | 0.4171 | 10 | 0.0960 | 11 |
| 镇江市 | 0.7032 | 4 | 0.7048 | 3 | 1.0000 | 1 | 0.6044 | 6 | 0.6000 | 7 |

续表

| 地区 | 知识产权创造 – 质量 | | 发明专利授权量占比 | | 发明专利授权率 | | 高价值发明专利拥有量 | | 专利获奖数量 | |
|---|---|---|---|---|---|---|---|---|---|---|
| | 指数 | 排名 | 指数 | 排名 | 指数 | 排名 | 指数 | 排名 | 指数 | 排名 |
| 泰州市 | 0.3921 | 11 | 0.4322 | 12 | 0.4969 | 12 | 0.4185 | 9 | 0.1800 | 9 |
| 宿迁市 | 0.1632 | 13 | 0.1924 | 13 | 0.3936 | 13 | 0.0781 | 13 | 0.0240 | 13 |

3. 知识产权创造 – 效率指标

（1）指标设计

知识产权创造 – 效率指标下设 6 个三级指标：每万人口发明专利拥有量、每百亿元 GDP 专利授权量、每十亿元 GDP 发明专利拥有量、每百亿元 GDP 高维持年限发明专利拥有量、万企有效注册商标企业数、每万户企业注册商标拥有量（图 4-8）。

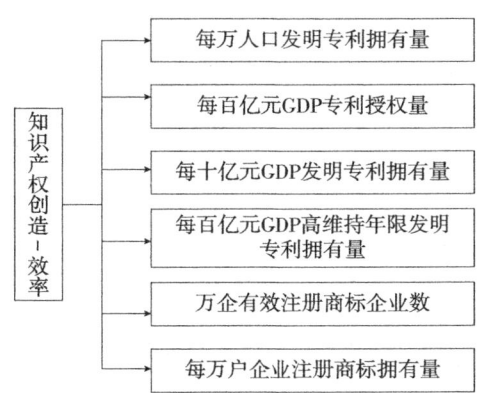

图 4-8　知识产权创造 – 效率三级指标设计

（2）知识产权创造 – 效率指标分析

从 6 项三级指标江苏省前三位的分布来看，每万人口发明专利拥有量指标前三位依次是苏州市、南京市、徐州市；每百亿元 GDP 专利授权量指标前三位依次是南京市、南通市、徐州市；每十亿元 GDP 发明专利拥有量指标前三位依次是苏州市、南京市、宿迁市；每百亿元 GDP 高维持年限发明专利拥有量指标前三位依次是南京市、苏州市、泰州市；万企有效注册商标企业数指标前三位依次是南通市、南京市、泰州市；每万户企业注册商标拥有量指标前三位依次是南京市、苏州市、南通市。13 个设区市中，南京市 6 项三级指标均进入江苏省前两位。

从各地区 6 项三级指标发展的均衡性来看，南京市、无锡市、徐州市、常州市 4 个设区市 6 项三级指标江苏省位次的差异不超过 3，指标间发展较为均衡（表 4-8）。

**（二）知识产权运用三级指标分析**

1. 知识产权运用 – 数量指标

（1）指标设计

知识产权运用 – 数量指标下设 4 个三级指标：专利实施许可合同备案量、专利实施许可合同备案涉及专利量、知识产权质押项目数、知识产权技术合同成交数量（图 4-9）。

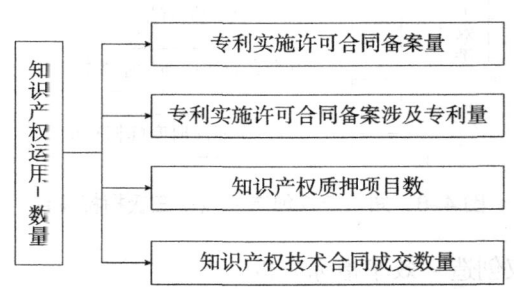

图 4-9　知识产权运用 – 数量三级指标设计

表4-8　2021年江苏知识产权创造-效率及其三级指标

| 地区 | 知识产权创造-效率 | | 每万人口发明专利拥有量 | | 每百亿元GDP专利授权量 | | 每十亿元GDP发明专利拥有量 | | 每百亿元GDP高维持年限发明专利拥有量 | | 万企有效注册商标企业数 | | 每万户企业注册商标拥有量 | |
|---|---|---|---|---|---|---|---|---|---|---|---|---|---|---|
| | 指数 | 排名 | 指数 | 排名 | 指数 | 排名 | 指数 | 排名 | 指数 | 排名 | 指数 | 排名 | 指数 | 排名 |
| 南京市 | 0.8770 | 2 | 0.8433 | 2 | 1.0000 | 1 | 0.7707 | 2 | 1.0000 | 1 | 0.8900 | 2 | 1.0000 | 1 |
| 无锡市 | 0.7393 | 4 | 0.5515 | 9 | 0.5647 | 8 | 0.3522 | 10 | 0.3649 | 10 | 0.5672 | 8 | 0.5524 | 10 |
| 徐州市 | 0.5672 | 7 | 0.7455 | 3 | 0.7239 | 3 | 0.6151 | 6 | 0.8492 | 4 | 0.7719 | 4 | 0.7357 | 4 |
| 常州市 | 0.7786 | 3 | 0.2404 | 12 | 0.4259 | 12 | 0.2260 | 12 | 0.2134 | 12 | 0.4344 | 12 | 0.5782 | 9 |
| 苏州市 | 0.8973 | 1 | 1.0000 | 1 | 0.7159 | 4 | 1.0000 | 1 | 0.9527 | 2 | 0.6659 | 5 | 0.9189 | 2 |
| 南通市 | 0.7153 | 5 | 0.7169 | 5 | 0.7917 | 2 | 0.6187 | 5 | 0.7744 | 5 | 1.0000 | 1 | 0.7806 | 3 |
| 连云港市 | 0.4044 | 11 | 0.4480 | 10 | 0.5403 | 10 | 0.4260 | 8 | 0.3936 | 9 | 0.4118 | 13 | 0.5218 | 11 |
| 淮安市 | 0.3154 | 13 | 0.5718 | 8 | 0.6640 | 5 | 0.6000 | 7 | 0.3573 | 11 | 0.6332 | 6 | 0.6000 | 7 |
| 盐城市 | 0.4443 | 10 | 0.6000 | 7 | 0.5487 | 9 | 0.4218 | 9 | 0.6000 | 7 | 0.5142 | 10 | 0.4718 | 13 |
| 扬州市 | 0.4837 | 9 | 0.1296 | 13 | 0.6000 | 7 | 0.1629 | 13 | 0.1511 | 13 | 0.5550 | 9 | 0.5940 | 8 |
| 镇江市 | 0.6444 | 6 | 0.2607 | 11 | 0.3367 | 13 | 0.3017 | 11 | 0.4853 | 8 | 0.6000 | 7 | 0.6174 | 6 |
| 泰州市 | 0.5335 | 8 | 0.7006 | 6 | 0.4842 | 11 | 0.6534 | 4 | 0.8567 | 3 | 0.8664 | 3 | 0.6301 | 5 |
| 宿迁市 | 0.3190 | 12 | 0.7372 | 4 | 0.6194 | 6 | 0.6990 | 3 | 0.6968 | 6 | 0.4948 | 11 | 0.4852 | 12 |

（2）知识产权运用 – 数量指标分析

从 4 项三级指标江苏省前三位的分布来看，专利实施许可合同备案量指标前三位依次是南京市、扬州市、宿迁市；专利实施许可合同备案涉及专利量指标前三位依次是南京市、扬州市、南通市；知识产权质押项目数指标前三位依次是南京市、苏州市、常州市；知识产权技术合同成交数量指标前三位依次是南京市、南通市、常州市。13 个设区市中，南京市 4 项三级指标均位居江苏省首位。

从各地区 4 项三级指标发展的均衡性来看，南京市、无锡市、徐州市、常州市 4 个设区市 4 项三级指标江苏省位次的差异不超过 3，指标间发展较为均衡（表 4-9）。

表 4-9　2021 年江苏知识产权运用 – 数量及其三级指标

| 地区 | 知识产权运用 – 数量 | | 专利实施许可合同备案量 | | 专利实施许可合同备案涉及专利量 | | 知识产权质押项目数 | | 知识产权技术合同成交数量 | |
|---|---|---|---|---|---|---|---|---|---|---|
| | 指数 | 排名 | 指数 | 排名 | 指数 | 排名 | 指数 | 排名 | 指数 | 排名 |
| 南京市 | 1.0000 | 1 | 1.0000 | 1 | 1.0000 | 1 | 1.0000 | 1 | 1.0000 | 1 |
| 无锡市 | 0.6783 | 4 | 0.6000 | 7 | 0.6000 | 7 | 0.6000 | 7 | 0.6095 | 6 |
| 徐州市 | 0.5938 | 7 | 0.2143 | 12 | 0.0655 | 13 | 0.2620 | 11 | 0.1622 | 13 |
| 常州市 | 0.6019 | 6 | 0.6395 | 5 | 0.6039 | 6 | 0.7145 | 3 | 0.6944 | 3 |
| 苏州市 | 0.6787 | 3 | 0.6216 | 6 | 0.6043 | 5 | 0.8228 | 2 | 0.6877 | 4 |
| 南通市 | 0.6585 | 5 | 0.6647 | 4 | 0.7107 | 3 | 0.6304 | 6 | 0.7113 | 2 |
| 连云港市 | 0.1737 | 13 | 0.3571 | 10 | 0.5591 | 8 | 0.2392 | 12 | 0.4122 | 11 |
| 淮安市 | 0.6911 | 2 | 0.3143 | 11 | 0.0873 | 12 | 0.1443 | 13 | 0.4372 | 9 |
| 盐城市 | 0.5033 | 8 | 0.5571 | 9 | 0.3873 | 9 | 0.6377 | 5 | 0.4293 | 10 |
| 扬州市 | 0.4071 | 9 | 0.9880 | 2 | 0.8017 | 2 | 0.3456 | 8 | 0.5354 | 8 |
| 镇江市 | 0.3964 | 10 | 0.5714 | 8 | 0.1473 | 11 | 0.3342 | 9 | 0.6285 | 5 |
| 泰州市 | 0.3270 | 11 | 0.2143 | 13 | 0.2645 | 10 | 0.3038 | 10 | 0.6000 | 7 |
| 宿迁市 | 0.2345 | 12 | 0.6719 | 3 | 0.6101 | 4 | 0.6664 | 4 | 0.3744 | 12 |

2. 知识产权运用 – 效果指标

（1）指标设计

知识产权运用 – 效果指标下设 3 个三级指标：知识产权技术合同成交金额、专利质押融资金额、商标质押融资金额（图 4-10）。

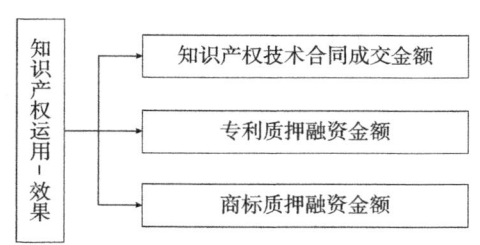

**图 4-10 知识产权运用 – 效果三级指标设计**

（2）知识产权运用 – 效果指标分析

总体来看，知识产权技术合同成交金额、专利质押融资金额、商标质押融资金额 3 项三级指标均呈现苏南高、苏北低的特征。从 3 项三级指标江苏省前三位的分布来看，知识产权技术合同成交金额指标前三位依次是苏州市、南京市、无锡市，均为苏南城市；专利质押融资金额指标前三位依次是苏州市、无锡市、南京市，均为苏南城市；商标质押融资金额指标前三位依次是无锡市、常州市、苏州市，均为苏南城市。13 个设区市中，无锡市和苏州市 3 项指标均位居江苏省前三位。

从各地区 3 项三级指标发展的均衡性来看，南通市、无锡市、苏州市、淮安市、宿迁市 5 个设区市 3 项三级指标江苏省位次的差异不超过 3，指标间发展较为均衡（表 4-10）。

表 4-10　2021 年江苏知识产权运用 - 效果及其三级指标

| 地区 | 知识产权运用 - 效果 | | 知识产权技术合同成交金额 | | 专利质押融资金额 | | 商标质押融资金额 | |
|---|---|---|---|---|---|---|---|---|
| | 指数 | 排名 | 指数 | 排名 | 指数 | 排名 | 指数 | 排名 |
| 南京市 | 0.8388 | 3 | 0.8317 | 2 | 0.8950 | 3 | 0.6000 | 7 |
| 无锡市 | 0.8992 | 2 | 0.7036 | 3 | 0.9637 | 2 | 1.0000 | 1 |
| 徐州市 | 0.5137 | 7 | 0.1379 | 13 | 0.6509 | 5 | 0.6479 | 6 |
| 常州市 | 0.4222 | 9 | 0.6403 | 5 | 0.2308 | 12 | 0.8469 | 2 |
| 苏州市 | 0.9552 | 1 | 1.0000 | 1 | 1.0000 | 1 | 0.6639 | 3 |
| 南通市 | 0.7308 | 4 | 0.6980 | 4 | 0.7633 | 4 | 0.6498 | 5 |
| 连云港市 | 0.5617 | 5 | 0.4726 | 8 | 0.5806 | 8 | 0.6548 | 4 |
| 淮安市 | 0.2337 | 12 | 0.1689 | 11 | 0.2420 | 11 | 0.3259 | 8 |
| 盐城市 | 0.4565 | 8 | 0.2414 | 9 | 0.6466 | 6 | 0.0316 | 11 |
| 扬州市 | 0.5200 | 6 | 0.6000 | 7 | 0.6000 | 7 | 0.0000 | 12 |
| 镇江市 | 0.3149 | 11 | 0.1495 | 12 | 0.4583 | 9 | 0.0000 | 13 |
| 泰州市 | 0.3811 | 10 | 0.6214 | 6 | 0.3371 | 10 | 0.0982 | 9 |
| 宿迁市 | 0.1866 | 13 | 0.2086 | 10 | 0.2104 | 13 | 0.0358 | 10 |

## （三）知识产权保护三级指标分析

### 1. 知识产权保护 - 行政执法指标

（1）指标设计

知识产权保护 - 行政执法指标下设 3 个三级指标：查处专利侵权纠纷和假冒专利案件量、商标行政执法案件数量、"正版正货"承诺企业数量（图 4-11）。

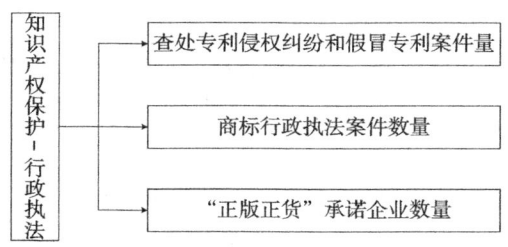

**图 4-11　知识产权保护 - 行政执法三级指标设计**

（2）知识产权保护 - 行政执法指标分析

从 3 项三级指标江苏省前三位的分布来看，查处专利侵权纠纷和假冒专利案件量指标前三位依次是宿迁市、连云港市、无锡市；商标行政执法案件数量指标前三位依次是泰州市、镇江市、连云港市；"正版正货"承诺企业数量指标前三位依次是无锡市、扬州市、南京市。

从各地区 3 项三级指标发展的均衡性来看，南京市、无锡市、徐州市、常州市、苏州市 5 个设区市 3 项三级指标江苏省位次的差异不超过 3，指标间发展较为均衡（表 4-11）。

**表 4-11　2021 年江苏知识产权保护 - 行政执法及其三级指标**

| 地区 | 知识产权保护 - 行政执法 | | 查处专利侵权纠纷和假冒专利案件量 | | 商标行政执法案件数量 | | "正版正货"承诺企业数量 | |
|---|---|---|---|---|---|---|---|---|
| | 指数 | 排名 | 指数 | 排名 | 指数 | 排名 | 指数 | 排名 |
| 南京市 | 0.6832 | 3 | 0.6091 | 5 | 0.6869 | 5 | 0.7737 | 3 |
| 无锡市 | 0.7596 | 1 | 0.6252 | 3 | 0.7071 | 4 | 1.0000 | 1 |
| 徐州市 | 0.5135 | 10 | 0.3204 | 10 | 0.2951 | 13 | 0.4624 | 10 |
| 常州市 | 0.5586 | 7 | 0.5935 | 8 | 0.3535 | 11 | 0.5083 | 9 |
| 苏州市 | 0.7047 | 2 | 0.4659 | 9 | 0.6182 | 6 | 0.6000 | 7 |
| 南通市 | 0.6635 | 5 | 0.6007 | 6 | 0.5968 | 8 | 0.2943 | 12 |
| 连云港市 | 0.3511 | 13 | 0.6694 | 2 | 0.8808 | 3 | 0.5236 | 8 |

| 地区 | 知识产权保护－行政执法 | | 查处专利侵权纠纷和假冒专利案件量 | | 商标行政执法案件数量 | | "正版正货"承诺企业数量 | |
|---|---|---|---|---|---|---|---|---|
| | 指数 | 排名 | 指数 | 排名 | 指数 | 排名 | 指数 | 排名 |
| 淮安市 | 0.4832 | 11 | 0.6177 | 4 | 0.3211 | 12 | 0.6622 | 6 |
| 盐城市 | 0.6726 | 4 | 0.0948 | 13 | 0.4832 | 9 | 0.7116 | 5 |
| 扬州市 | 0.5234 | 9 | 0.3090 | 11 | 0.6000 | 7 | 0.8263 | 2 |
| 镇江市 | 0.5583 | 8 | 0.6000 | 7 | 0.9354 | 2 | 0.4280 | 11 |
| 泰州市 | 0.4073 | 12 | 0.2747 | 12 | 1.0000 | 1 | 0.7307 | 4 |
| 宿迁市 | 0.5847 | 6 | 1.0000 | 1 | 0.4281 | 10 | 0.2522 | 13 |

2. 知识产权保护－维权援助指标

（1）指标设计

知识产权保护－维权援助指标下设 2 个三级指标：维权援助中心及分支机构数量、维权援助中心举报投诉受理量（图 4-12）。

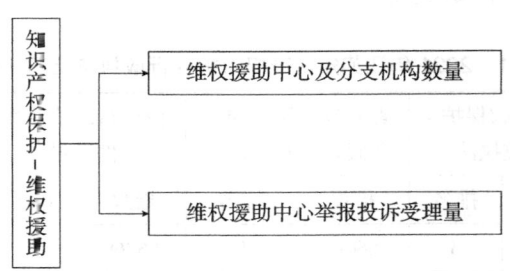

图 4-12　知识产权保护－维权援助三级指标设计

（2）知识产权保护－维权援助指标分析

总体来看，维权援助中心及分支机构数量指标呈现苏南高的特征。从 2 项三级指标江苏省前三位的分布来看，维权援助中心及分支机构数量指标前三位依次是常州市、南京市、苏州市；维权援助中心举报投诉受理量指标前三位依次是盐城市、徐州市、镇江市。

从各地区 2 项三级指标发展的均衡性来看，无锡市、连云港市、淮安市、南京市、镇江市、泰州市 6 个设区市 2 项三级指标江苏省位次的差异不超过 3，指标间发展较为均衡（表 4-12）。

表 4-12　2021 年江苏知识产权保护－维权援助及其三级指标

| 地区 | 知识产权保护－维权援助 | | 维权援助中心及分支机构数量 | | 维权援助中心举报投诉受理量 | |
|---|---|---|---|---|---|---|
| | 指数 | 排名 | 指数 | 排名 | 指数 | 排名 |
| 南京市 | 0.8014 | 1 | 0.8857 | 2 | 0.6748 | 4 |
| 无锡市 | 0.2724 | 13 | 0.4000 | 12 | 0.0811 | 12 |
| 徐州市 | 0.4421 | 11 | 0.1500 | 13 | 0.8802 | 2 |
| 常州市 | 0.6211 | 5 | 1.0000 | 1 | 0.0527 | 13 |
| 苏州市 | 0.6514 | 3 | 0.6857 | 3 | 0.6000 | 7 |
| 南通市 | 0.5101 | 8 | 0.6286 | 4 | 0.3324 | 10 |
| 连云港市 | 0.4986 | 9 | 0.5500 | 8 | 0.4216 | 8 |
| 淮安市 | 0.4954 | 10 | 0.5500 | 8 | 0.4135 | 9 |
| 盐城市 | 0.7600 | 2 | 0.6000 | 5 | 1.0000 | 1 |
| 扬州市 | 0.4119 | 12 | 0.6000 | 5 | 0.1297 | 11 |
| 镇江市 | 0.6378 | 4 | 0.6000 | 5 | 0.6944 | 3 |
| 泰州市 | 0.5674 | 6 | 0.5000 | 8 | 0.6686 | 5 |
| 宿迁市 | 0.5180 | 7 | 0.4500 | 11 | 0.6200 | 6 |

## （四）知识产权环境三级指标分析

### 1. 知识产权环境－管理指标

（1）指标设计

知识产权环境－管理指标下设 5 个三级指标：知识产权专项经费投入、知识产权管理机构人员数、省级知识产权示范园区数、知识产权贯标企业数量、知识产权战略推进计划项目数（图 4-13）。

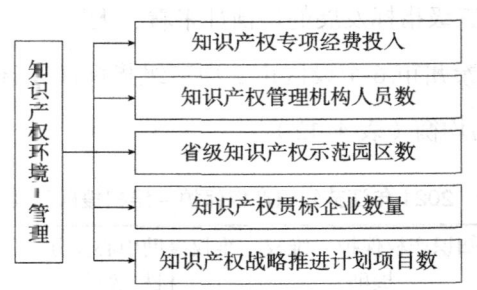

**图 4-13　知识产权环境 - 管理三级指标设计**

（2）知识产权环境 - 管理指标分析

总体来看，知识产权专项经费投入、省级知识产权示范园区数、知识产权战略推进计划项目数 3 项三级指标均呈现苏南高、苏北低的特征。从 5 项三级指标江苏省前三位的分布来看，知识产权专项经费投入指标前三位依次是苏州市、南京市、无锡市，均为苏南城市；知识产权管理机构人员数指标前三位依次是南京市、苏州市、泰州市；省级知识产权示范园区数指标前三位依次是苏州市、南通市、南京市；知识产权贯标企业数量指标前三位依次是南通市、常州市、苏州市；知识产权战略推进计划项目数指标前三位依次是苏州市、南京市、常州市，均为苏南城市。13 个设区市中，苏州市 5 项三级指标均进入江苏省前三位。

从各地区 5 项三级指标发展的均衡性来看，苏州市、淮安市 2 个设区市 5 项三级指标江苏省位次的差异不超过 3，指标间发展较为均衡（表 4-13）。

表 4-13　2021 年江苏知识产权环境 – 管理及其三级指标

| 地区 | 知识产权环境 – 管理 | | 知识产权专项经费投入 | | 知识产权管理机构人员数 | | 省级知识产权示范园区数 | | 知识产权贯标企业数量 | | 知识产权战略推进计划项目数 | |
|---|---|---|---|---|---|---|---|---|---|---|---|---|
| | 指数 | 排名 | 指数 | 排名 | 指数 | 排名 | 指数 | 排名 | 指数 | 排名 | 指数 | 排名 |
| 南京市 | 0.8188 | 2 | 0.8771 | 2 | 1.0000 | 1 | 0.7818 | 3 | 0.7069 | 5 | 0.7980 | 2 |
| 无锡市 | 0.6838 | 5 | 0.6907 | 3 | 0.7538 | 4 | 0.5250 | 9 | 0.7722 | 4 | 0.6832 | 6 |
| 徐州市 | 0.5335 | 10 | 0.6000 | 7 | 0.6923 | 5 | 0.7091 | 5 | 0.4154 | 10 | 0.4300 | 10 |
| 常州市 | 0.7118 | 4 | 0.5305 | 8 | 0.4909 | 9 | 0.6000 | 7 | 0.9403 | 2 | 0.7782 | 3 |
| 苏州市 | 0.9463 | 1 | 1.0000 | 1 | 0.9077 | 2 | 1.0000 | 1 | 0.7972 | 3 | 1.0000 | 1 |
| 南通市 | 0.7478 | 3 | 0.6763 | 4 | 0.4364 | 11 | 0.8545 | 2 | 1.0000 | 1 | 0.7347 | 4 |
| 连云港市 | 0.3370 | 13 | 0.1446 | 13 | 0.6000 | 8 | 0.3000 | 13 | 0.1747 | 13 | 0.3300 | 12 |
| 淮安市 | 0.3729 | 11 | 0.3238 | 10 | 0.4364 | 12 | 0.4500 | 11 | 0.2736 | 12 | 0.3600 | 11 |
| 盐城市 | 0.5913 | 7 | 0.6363 | 5 | 0.6000 | 6 | 0.7455 | 4 | 0.6000 | 7 | 0.5100 | 9 |
| 扬州市 | 0.5411 | 9 | 0.3196 | 12 | 0.6000 | 7 | 0.4500 | 10 | 0.5637 | 8 | 0.5700 | 8 |
| 镇江市 | 0.5779 | 8 | 0.3229 | 11 | 0.4909 | 10 | 0.6364 | 6 | 0.3709 | 11 | 0.7109 | 5 |
| 泰州市 | 0.6395 | 6 | 0.6217 | 6 | 0.7846 | 3 | 0.5250 | 8 | 0.7024 | 6 | 0.6000 | 7 |
| 宿迁市 | 0.3609 | 12 | 0.3640 | 9 | 0.3273 | 13 | 0.4500 | 12 | 0.4418 | 9 | 0.3000 | 13 |

2. 知识产权环境 – 服务指标

（1）指标设计

知识产权环境 – 服务指标下设 3 个三级指标：专利申请代理率、商标申请代理率、知识产权服务机构数量（图 4-14）。

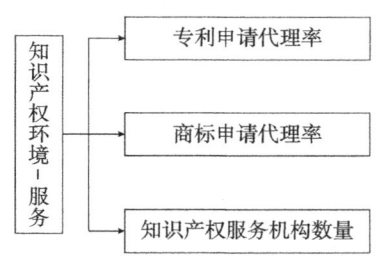

图 4-14　知识产权环境 – 服务三级指标设计

（2）知识产权环境 – 服务指标分析

总体来看，知识产权服务机构数量指标呈现苏南高、苏北低的特征。从3项三级指标江苏省前三位的分布来看，专利申请代理率指标前三位依次是无锡市、常州市、徐州市；商标申请代理率指标前三位依次是南通市、南京市、淮安市；知识产权服务机构数量指标前三位依次是苏州市、南京市、无锡市，均为苏南城市。13个设区市中，南京市商标申请代理率、知识产权服务机构数量2项三级指标均位居江苏省第2位，无锡市专利申请代理率、知识产权服务机构数量2项三级指标均进入江苏省前三位。

从各地区3项三级指标发展的均衡性来看，盐城市、常州市、扬州市、宿迁市4个设区市3项三级指标江苏省位次的差异不超过3，指标间发展较为均衡（表4-14）。

表4-14  2021年江苏知识产权环境 – 服务及其三级指标

| 地区 | 知识产权环境 – 服务 | | 专利申请代理率 | | 商标申请代理率 | | 知识产权服务机构数量 | |
|---|---|---|---|---|---|---|---|---|
| | 指数 | 排名 | 指数 | 排名 | 指数 | 排名 | 指数 | 排名 |
| 南京市 | 0.8329 | 2 | 0.5790 | 8 | 0.9078 | 2 | 0.8163 | 2 |
| 无锡市 | 0.6920 | 6 | 1.0000 | 1 | 0.6000 | 7 | 0.7201 | 3 |
| 徐州市 | 0.5523 | 9 | 0.6934 | 3 | 0.4955 | 11 | 0.6678 | 4 |
| 常州市 | 0.8278 | 3 | 0.7198 | 2 | 0.8837 | 4 | 0.6523 | 5 |
| 苏州市 | 0.5984 | 7 | 0.6107 | 6 | 0.5375 | 8 | 1.0000 | 1 |
| 南通市 | 0.8737 | 1 | 0.5536 | 10 | 1.0000 | 1 | 0.6302 | 6 |
| 连云港市 | 0.4593 | 12 | 0.6143 | 5 | 0.4205 | 12 | 0.4206 | 12 |
| 淮安市 | 0.7695 | 5 | 0.5762 | 9 | 0.8922 | 3 | 0.2972 | 13 |
| 盐城市 | 0.5393 | 10 | 0.6000 | 7 | 0.5325 | 9 | 0.4654 | 9 |
| 扬州市 | 0.7972 | 4 | 0.6625 | 4 | 0.8638 | 5 | 0.6000 | 7 |
| 镇江市 | 0.5934 | 8 | 0.4867 | 13 | 0.6470 | 6 | 0.4318 | 11 |

续表

| 地区 | 知识产权环境 – 服务 | | 专利申请代理率 | | 商标申请代理率 | | 知识产权服务 机构数量 | |
|---|---|---|---|---|---|---|---|---|
| | 指数 | 排名 | 指数 | 排名 | 指数 | 排名 | 指数 | 排名 |
| 泰州市 | 0.5135 | 11 | 0.5046 | 12 | 0.5166 | 10 | 0.5103 | 8 |
| 宿迁市 | 0.4017 | 13 | 0.5400 | 11 | 0.3555 | 13 | 0.4486 | 10 |

3. 知识产权环境 – 人才指标

（1）指标设计

知识产权环境 – 人才指标下设 2 个三级指标：通过全国专利代理师资格考试人数、知识产权领军及骨干人才数量（图 4-15）。

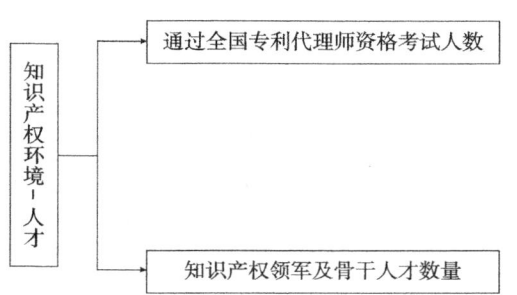

**图 4-15　知识产权环境 – 人才三级指标设计**

（2）知识产权环境 – 人才指标分析

总体来看，通过全国专利代理师资格考试人数、知识产权领军及骨干人才数量 2 项三级指标均呈现苏南高、苏北低的特征。从 2 项三级指标江苏省前三位的分布来看，通过全国专利代理师资格考试人数、知识产权领军及骨干人才数量 2 项三级指标前三位均依次是南京市、苏州市、常州市，均为苏南城市。13 个设区市中，南京市、苏州市、常州市 2 项三级指标均进入江苏省前三位。

从各地区 2 项三级指标发展的均衡性来看，南京市、常州市、苏州市、

南通市 4 个设区市 2 项三级指标江苏省位次的差异均为 0，指标间发展较为
均衡（表 4-15）。

表 4-15　2021 年江苏知识产权环境 – 人才及其三级指标

| 地区 | 知识产权环境 – 人才 | | 通过全国专利代理师资格考试人数 | | 知识产权领军及骨干人才数量 | |
|---|---|---|---|---|---|---|
| | 指数 | 排名 | 指数 | 排名 | 指数 | 排名 |
| 南京市 | 1.0000 | 1 | 1.0000 | 1 | 1.0000 | 1 |
| 无锡市 | 0.6435 | 4 | 0.6663 | 4 | 0.6208 | 5 |
| 徐州市 | 0.6147 | 5 | 0.6294 | 5 | 0.6000 | 7 |
| 常州市 | 0.6704 | 3 | 0.6785 | 3 | 0.6623 | 3 |
| 苏州市 | 0.9368 | 2 | 0.9755 | 2 | 0.8981 | 2 |
| 南通市 | 0.6140 | 6 | 0.6147 | 6 | 0.6132 | 6 |
| 连云港市 | 0.3460 | 11 | 0.1500 | 13 | 0.5419 | 8 |
| 淮安市 | 0.2292 | 13 | 0.1875 | 12 | 0.2710 | 11 |
| 盐城市 | 0.3520 | 10 | 0.3750 | 9 | 0.3290 | 10 |
| 扬州市 | 0.4258 | 8 | 0.6000 | 7 | 0.2516 | 12 |
| 镇江市 | 0.4304 | 7 | 0.2250 | 11 | 0.6358 | 4 |
| 泰州市 | 0.4179 | 9 | 0.4875 | 8 | 0.3484 | 9 |
| 宿迁市 | 0.2843 | 12 | 0.3750 | 10 | 0.1935 | 13 |

# 第五章  地区知识产权实力分项指标分析

## 一、南京市知识产权实力分项指标分析

2021 年南京市知识产权实力指数为 0.8640，位居江苏省首位。如图 5-1 所示，南京市知识产权创造、知识产权运用、知识产权保护和知识产权环境 4 项一级指标发展比较均衡。

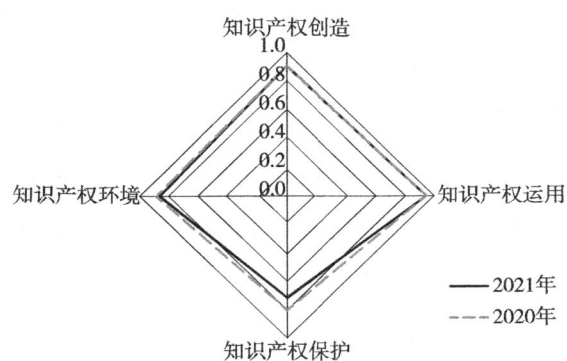

**图 5-1   2020—2021 年南京市知识产权实力一级指标指数**

2021 年，南京市知识产权创造指标指数为 0.8973，位居江苏省首位。知

识产权创造 – 数量、知识产权创造 – 质量和知识产权创造 – 效率 3 项二级指标分别位居江苏省第 2 位、第 1 位和第 2 位。16 项三级指标中，有 13 项指标位居江苏省前两位，有 6 项指标位居江苏省首位。截至 2021 年年底，南京市有效发明专利量 88 932 件，同比增长 26.27 %。从技术领域小类来看，有效发明专利量前三位的技术领域分别是测量 10 049 件，计算机技术 9120 件，电机、电气装置、电能 7209 件，合计 26 378 件，占南京市有效发明专利总量的 29.66%。从重点企业专利权人来看，有效发明专利量前三位的企业分别是国电南瑞科技股份有限公司 1088 件、南京南瑞继保电气有限公司 805 件、上海梅山钢铁股份有限公司 529 件。

从先进制造业集群发明专利授权量来看，2021 年南京市核心软件产业集群发明专利授权量 191 件，位居江苏省首位，其中，工业软件领域发明专利授权量达到 191 件，位居江苏省首位。从重点企业来看，国网电力科学研究院有限公司、国电南瑞科技股份有限公司、国网江苏省电力有限公司 2021 年度核心软件产业发明专利授权量分别为 14 件、12 件和 10 件。依托较为完善的电子信息制造产业链，南京市聚集了众多软件和信息技术服务业重点企业。2021 年南京市软件和信息技术服务业营业收入 7577 亿元，同比增长 10.3%。在全国副省级城市软件信息技术服务业收入排行榜中位列第 3 位。

2021 年，南京市知识产权运用指标指数为 0.9395，位居江苏省首位。知识产权运用 – 数量和知识产权运用 – 效果 2 项二级指标分别位居江苏省第 1 位和第 3 位，知识产权运用 – 效果指标排名较 2020 年下降 2 位。7 项三级指标中，专利实施许可合同备案量、专利实施许可合同备案涉及专利量、知识产权质押项目数、知识产权技术合同成交数量 4 项指标均位居江苏省首位，专利质押融资金额、商标质押融资金额两项指标排名较 2020 年分别下降 1 位和 2 位。

2021 年，南京市知识产权保护指标指数为 0.7275，位居江苏省第 1 位，较 2020 年上升 1 位。知识产权保护 – 行政执法和知识产权保护 – 维权援助 2 项二级指标分别位居江苏省第 3 位和第 1 位。5 项三级指标中，维权援助中心及分支机构数量指标位居江苏省第 2 位，查处专利侵权纠纷和假冒专利案件量、商标行政执法案件数量、"正版正货"承诺企业数量 3 项指标排名均下降 1 位，维权援助中心举报投诉受理量指标排名下降 2 位。

2021 年，南京市知识产权环境指标指数为 0.8586，位居江苏省首位。知识产权环境 – 管理、知识产权环境 – 服务和知识产权环境 – 人才 3 项二级指标分别位居江苏省第 2 位、第 2 位和第 1 位，知识产权环境 – 服务指标排名下降 1 位。10 项三级指标中，有 8 项三级指标位居江苏省前三位，知识产权贯标企业数量、专利申请代理率两项指标排名均下降 3 位（表 5–1）。

表 5–1　南京市知识产权实力分项指标指数

| 序号 | 指标 | 2021 年 | | 2020 年 | |
|---|---|---|---|---|---|
| | | 指数 | 排名 | 指数 | 排名 |
| | **知识产权实力指数** | 0.8640 | 1 | 0.8807 | 1 |
| | **知识产权创造** | 0.8973 | 1 | 0.8919 | 1 |
| | **数量** | 0.8448 | 2 | 0.8342 | 2 |
| 1 | 专利授权量 | 0.7614 | 2 | 0.7756 | 2 |
| 2 | 发明专利授权量 | 1.0000 | 1 | 1.0000 | 1 |
| 3 | PCT 国际专利申请量 | 0.8152 | 2 | 0.9162 | 2 |
| 4 | 商标注册量 | 0.8673 | 2 | 0.8853 | 2 |
| 5 | 地理标志商标数量 | 0.6000 | 6 | 0.4000 | 12 |
| 6 | 集成电路布图设计登记发证数量 | 1.0000 | 1 | 1.0000 | 1 |
| | **质量** | 0.9699 | 1 | 0.9906 | 1 |
| 7 | 发明专利授权量占比 | 1.0000 | 1 | 1.0000 | 1 |
| 8 | 发明专利授权率 | 0.9604 | 2 | 1.0000 | 1 |
| 9 | 高价值发明专利拥有量 | 1.0000 | 1 | 1.0000 | 1 |

续表

| 序号 | 指标 | 2021 年 | | 2020 年 | |
|---|---|---|---|---|---|
| | | 指数 | 排名 | 指数 | 排名 |
| 10 | 专利获奖数量 | 0.8642 | 2 | 0.9314 | 2 |
| | 效率 | 0.8770 | 2 | 0.8602 | 2 |
| 11 | 每万人口发明专利拥有量 | 1.0000 | 1 | 1.0000 | 1 |
| 12 | 每百亿元 GDP 专利授权量 | 0.7159 | 4 | / | / |
| 13 | 每十亿元 GDP 发明专利拥有量 | 1.0000 | 1 | 1.0000 | 1 |
| 14 | 每百亿元 GDP 高维持年限发明专利拥有量 | 0.9527 | 2 | 0.9998 | 2 |
| 15 | 万企有效注册商标企业数 | 0.6659 | 5 | 0.5536 | 9 |
| 16 | 每万户企业注册商标拥有量 | 0.9189 | 2 | 0.7047 | 4 |
| | 知识产权运用 | 0.9395 | 1 | 0.9543 | 1 |
| | 数量 | 1.0000 | 1 | 1.0000 | 1 |
| 17 | 专利实施许可合同备案量 | 1.0000 | 1 | 1.0000 | 1 |
| 18 | 专利实施许可合同备案涉及专利量 | 1.0000 | 1 | 1.0000 | 1 |
| 19 | 知识产权质押项目数 | 1.0000 | 1 | 1.0000 | 1 |
| 20 | 知识产权技术合同成交数量 | 1.0000 | 1 | 1.0000 | 1 |
| | 效果 | 0.8388 | 3 | 0.8781 | 1 |
| 21 | 知识产权技术合同成交金额 | 0.8317 | 2 | 0.8840 | 2 |
| 22 | 专利质押融资金额 | 0.8950 | 3 | 0.9289 | 2 |
| 23 | 商标质押融资金额 | 0.6000 | 7 | 0.6380 | 5 |
| | 知识产权保护 | 0.7275 | 1 | 0.7933 | 2 |
| | 行政执法 | 0.6832 | 3 | 0.7591 | 3 |
| 24 | 查处专利侵权纠纷和假冒专利案件量 | 0.6091 | 5 | 0.7353 | 4 |
| 25 | 商标行政执法案件数量 | 0.6869 | 5 | 0.7504 | 4 |
| 26 | "正版正货"承诺企业数量 | 0.7737 | 3 | 0.8009 | 2 |
| | 维权援助 | 0.8014 | 1 | 0.8504 | 1 |
| 27 | 维权援助中心及分支机构数量 | 0.8857 | 2 | 0.8000 | 2 |
| 28 | 维权援助中心举报投诉受理量 | 0.6748 | 4 | 0.9260 | 2 |

| 序号 | 指标 | 2021 年 | | 2020 年 | |
|---|---|---|---|---|---|
| | | 指数 | 排名 | 指数 | 排名 |
| | **知识产权环境** | 0.8586 | 1 | 0.8722 | 1 |
| | 管理 | 0.8188 | 2 | 0.8397 | 2 |
| 29 | 知识产权专项经费投入 | 0.8771 | 2 | 0.8106 | 2 |
| 30 | 知识产权管理机构人员数 | 1.0000 | 1 | 1.0000 | 1 |
| 31 | 省级知识产权示范园区数 | 0.7818 | 3 | / | / |
| 32 | 知识产权贯标企业数量 | 0.7069 | 5 | 0.9987 | 2 |
| 33 | 知识产权战略推进计划项目数 | 0.7980 | 2 | 0.7314 | 3 |
| | 服务 | 0.8329 | 2 | 0.9352 | 1 |
| 34 | 专利申请代理率 | 0.5790 | 8 | 0.7620 | 5 |
| 35 | 商标申请代理率 | 0.9078 | 2 | 0.9972 | 2 |
| 36 | 知识产权服务机构数量 | 0.8163 | 2 | 0.8475 | 2 |
| | 人才 | 1.0000 | 1 | 0.8830 | 2 |
| 37 | 通过全国专利代理师资格考试人数 | 1.0000 | 1 | 0.9088 | 2 |
| 38 | 知识产权领军及骨干人才数量 | 1.0000 | 1 | 1.0000 | 1 |

## 二、无锡市知识产权实力分项指标分析

2021 年无锡市知识产权实力指数为 0.6819，位居江苏省第 4 位。如图 5-2 所示，无锡市知识产权创造、知识产权运用、知识产权保护和知识产权环境 4 项一级指标发展较为均衡。

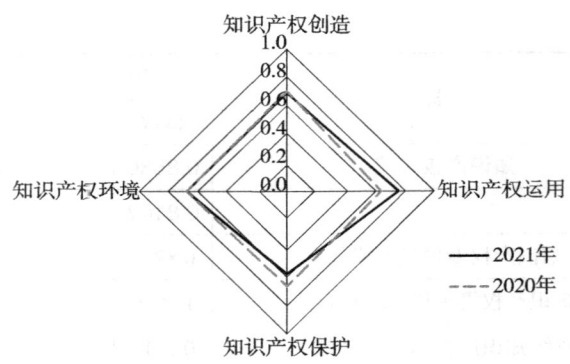

**图 5-2 2020—2021 年无锡市知识产权实力一级指标指数**

2021 年，无锡市知识产权创造指标指数为 0.6967，位居江苏省第 5 位，排名较 2020 年下降 4 位。知识产权创造 – 数量、知识产权创造 – 质量和知识产权创造 – 效率 3 项二级指标分别位居江苏省第 3 位、第 7 位和第 4 位。16 项三级指标中，有 6 项指标位居江苏省前三位。截至 2021 年年底，无锡市有效发明专利量 37 270 件，同比增长 14.97 %。从技术领域小类来看，有效发明专利量前三位的技术领域分别是机器工具 2834 件，电机、电气装置、电能 2376 件，测量 2312 件，合计 7522 件，占无锡市有效发明专利总量的 20.18%。从重点企业专利权人来看，有效发明专利量前三位的企业分别是无锡小天鹅电器有限公司 1040 件、无锡华润上华科技有限公司 638 件、华进半导体封装先导技术研发中心有限公司 365 件。

从先进制造业集群发明专利授权量来看，2021 年无锡市集成电路产业集群发明专利授权量 93 件，仅次于苏州、南京，位居江苏省第三位，其中，无锡市集成电路设计业、制造业和封装与测试业发明专利授权量分别达到 46 件、33 件和 15 件，位居江苏省第 4 位、第 3 位和第 3 位。从重点企业来看，无锡华润上华科技有限公司、无锡中微亿芯有限公司、中国电子科技集团公司第五十八研究所 2021 年度集成电路产业发明专利授权量分别为 12 件、11

件和 10 件。2021 年，无锡市集成电路产业销售收入 1783 亿元，占江苏省的 45%，占全国的 11%，综合实力排名全国第二。

2021 年，无锡市知识产权运用指标指数为 0.7611，位居江苏省第 3 位。知识产权运用 – 数量和知识产权运用 – 效果 2 项二级指标分别位居江苏省第 4 位和第 2 位，其中，知识产权运用 – 数量指标排名较 2020 年下降 3 位。7 项三级指标中，商标质押融资金额指标位居江苏省首位，较 2020 年上升 4 位；专利实施许可合同备案量指标位居江苏省第 6 位，较 2020 年下降 5 位。

2021 年，无锡市知识产权保护指标指数为 0.5769，位居江苏省第 7 位，较 2020 年下降 5 位。知识产权保护 – 行政执法和知识产权保护 – 维权援助 2 项二级指标分别位居江苏省第 1 位和第 13 位，较 2020 年分别上升 2 位、下降 12 位。5 项三级指标中，查处专利侵权纠纷和假冒专利案件量指标位居江苏省第 3 位，较 2020 年上升 1 位；维权援助中心及分支机构数量、维权援助中心举报投诉受理量 2 项指标均位居江苏省第 12 位，较 2020 年下降 10 位。

2021 年，无锡市知识产权环境指标指数为 0.6778，位居江苏省第 5 位，较 2020 年下降 4 位。知识产权环境 – 管理、知识产权环境 – 服务和知识产权环境 – 人才 3 项二级指标分别位居江苏省第 5 位、第 6 位和第 4 位，较 2020 年分别下降 3 位、5 位、2 位。10 项三级指标中，专利申请代理率指标位居江苏省第 1 位，较 2020 年上升 4 位；商标申请代理率指标位居江苏省第 7 位，较 2020 年下降 5 位（表 5–2）。

表 5–2　无锡市知识产权实力分项指标指数

| 序号 | 指标 | 2021 年 | | 2020 年 | |
|---|---|---|---|---|---|
| | | 指数 | 排名 | 指数 | 排名 |
| | 知识产权实力指数 | 0.6819 | 4 | 0.6833 | 1 |
| | 知识产权创造 | 0.6967 | 5 | 0.7160 | 1 |

续表

| 序号 | 指标 | 2021 年 | | 2020 年 | |
|---|---|---|---|---|---|
| | | 指数 | 排名 | 指数 | 排名 |
| | **数量** | 0.6913 | 3 | 0.6977 | 2 |
| 1 | 专利授权量 | 0.7301 | 3 | 0.7196 | 2 |
| 2 | 发明专利授权量 | 0.6630 | 4 | 0.6664 | 1 |
| 3 | PCT 国际专利申请量 | 0.6664 | 3 | 0.6300 | 2 |
| 4 | 商标注册量 | 0.6726 | 4 | 0.6693 | 2 |
| 5 | 地理标志商标数量 | 0.5625 | 8 | 0.6000 | 12 |
| 6 | 集成电路布图设计登记发证数量 | 0.8386 | 3 | 0.8917 | 1 |
| | **质量** | 0.6129 | 7 | 0.6779 | 1 |
| 7 | 发明专利授权量占比 | 0.5140 | 9 | 0.6016 | 1 |
| 8 | 发明专利授权率 | 0.7696 | 4 | 0.8400 | 1 |
| 9 | 高价值发明专利拥有量 | 0.7228 | 3 | 0.7343 | 1 |
| 10 | 专利获奖数量 | 0.6050 | 6 | 0.6914 | 2 |
| | **效率** | 0.7393 | 4 | 0.7399 | 2 |
| 11 | 每万人口发明专利拥有量 | 0.7455 | 3 | 0.7817 | 1 |
| 12 | 每百亿元 GDP 专利授权量 | 0.7239 | 3 | / | / |
| 13 | 每十亿元 GDP 发明专利拥有量 | 0.6151 | 6 | 0.6478 | 1 |
| 14 | 每百亿元 GDP 高维持年限发明专利拥有量 | 0.8492 | 4 | 0.8448 | 2 |
| 15 | 万企有效注册商标企业数 | 0.7719 | 4 | 0.7431 | 9 |
| 16 | 每万户企业注册商标拥有量 | 0.7357 | 4 | 0.7618 | 4 |
| | **知识产权运用** | 0.7611 | 3 | 0.6401 | 1 |
| | **数量** | 0.6783 | 4 | 0.5014 | 1 |
| 17 | 专利实施许可合同备案量 | 0.6216 | 6 | 0.6000 | 1 |
| 18 | 专利实施许可合同备案涉及专利量 | 0.6043 | 5 | 0.1610 | 1 |
| 19 | 知识产权质押项目数 | 0.8228 | 2 | 0.6909 | 1 |
| 20 | 知识产权技术合同成交数量 | 0.6877 | 4 | 0.6123 | 1 |
| | **效果** | 0.8992 | 2 | 0.8714 | 1 |

续表

| 序号 | 指标 | 2021 年 | | 2020 年 | |
|---|---|---|---|---|---|
| | | 指数 | 排名 | 指数 | 排名 |
| 21 | 知识产权技术合同成交金额 | 0.7036 | 3 | 0.6789 | 2 |
| 22 | 专利质押融资金额 | 0.9637 | 2 | 1.0000 | 2 |
| 23 | 商标质押融资金额 | 1.0000 | 1 | 0.6776 | 5 |
| | **知识产权保护** | **0.5769** | **7** | **0.6606** | **2** |
| | **行政执法** | 0.7596 | 1 | 0.7805 | 3 |
| 24 | 查处专利侵权纠纷和假冒专利案件量 | 0.6252 | 3 | 0.6827 | 4 |
| 25 | 商标行政执法案件数量 | 0.7071 | 4 | 0.7077 | 4 |
| 26 | "正版正货"承诺企业数量 | 1.0000 | 1 | 1.0000 | 2 |
| | **维权援助** | 0.2724 | 13 | 0.4606 | 1 |
| 27 | 维权援助中心及分支机构数量 | 0.4000 | 12 | 0.3500 | 2 |
| 28 | 维权援助中心举报投诉受理量 | 0.0811 | 12 | 0.6264 | 2 |
| | **知识产权环境** | **0.6778** | **5** | **0.6837** | **1** |
| | **管理** | 0.6838 | 5 | 0.6542 | 2 |
| 29 | 知识产权专项经费投入 | 0.6907 | 3 | 0.6420 | 2 |
| 30 | 知识产权管理机构人员数 | 0.7538 | 4 | 0.7818 | 1 |
| 31 | 省级知识产权示范园区数 | 0.5250 | 8 | / | / |
| 32 | 知识产权贯标企业数量 | 0.7722 | 4 | 0.6230 | 2 |
| 33 | 知识产权战略推进计划项目数 | 0.6832 | 6 | 0.6114 | 3 |
| | **服务** | 0.6920 | 6 | 0.6683 | 1 |
| 34 | 专利申请代理率 | 1.0000 | 1 | 0.8766 | 5 |
| 35 | 商标申请代理率 | 0.6000 | 7 | 0.6000 | 2 |
| 36 | 知识产权服务机构数量 | 0.7201 | 3 | 0.7299 | 2 |
| | **人才** | 0.6435 | 4 | 0.7839 | 2 |
| 37 | 通过全国专利代理师资格考试人数 | 0.6663 | 4 | 0.6608 | 2 |
| 38 | 知识产权领军及骨干人才数量 | 0.6208 | 5 | 0.6208 | 1 |

## 三、徐州市知识产权实力分项指标分析

2021 年徐州市知识产权实力指数为 0.5584，位居江苏省第 6 位，排名较 2020 年上升 1 位。如图 5-3 所示，徐州市知识产权创造、知识产权运用、知识产权保护和知识产权环境 4 项一级指标发展不均衡，知识产权创造、知识产权运用和知识产权环境 3 项指标指数略高于知识产权保护指标指数。

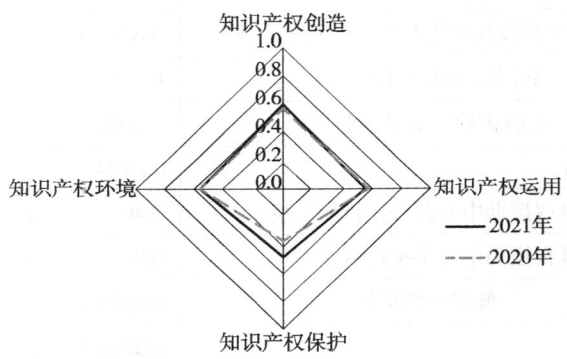

**图 5-3　2020—2021 年徐州市知识产权实力一级指标指数**

2021 年，徐州市知识产权创造指标指数为 0.5935，位居江苏省第 7 位。知识产权创造 – 数量、知识产权创造 – 质量和知识产权创造 – 效率 3 项二级指标分别位居江苏省第 6 位、第 5 位和第 7 位，其中，知识产权创造 – 效率指标排名较 2020 年上升 1 位。16 项三级指标中，商标注册量指标位居江苏省第 3 位，较 2020 年上升 1 位；专利授权量、万企有效注册商标企业数、每万户企业注册商标拥有量 3 项指标分别位居江苏省第 5 位、第 6 位、第 7 位，较 2020 年上升 2 位、2 位、3 位；发明专利授权量、PCT 国际专利申请量、发明专利授权量占比 3 项指标分别位居江苏省第 6 位、第 8 位、第 4 位，均较 2020 年下降 2 位。截至 2021 年年底，徐州市有效发明专利量 20 719 件，

同比增长 21.43 %。从技术领域小类来看，有效发明专利量前三位的技术领域分别是土木工程 2822 件、装卸 1900 件、机器工具 1710 件，合计 6432 件，占徐州市有效发明专利总量的 31.04%。从重点企业专利权人来看，有效发明专利量前三位的企业分别是徐州重型机械有限公司 549 件、徐工集团工程机械股份有限公司 350 件、邳州市景鹏创业投资有限公司 241 件。

从先进制造业集群发明专利授权量来看，2021 年徐州市工程机械产业集群发明专利授权量 228 件，位居江苏省第 3 位，其中，徐州市在挖掘机械、升降机械、矿山机械、凿岩机械等技术领域发明专利授权量均位居江苏省第 1 位。从重点企业来看，徐州徐工挖掘机械有限公司、江苏徐工工程机械研究院有限公司、徐州重型机械有限公司发明专利授权量分别为 14 件、11 件和 9 件。徐州市拥有国家级制造业单项冠军企业 10 家，国家级专精特新"小巨人"企业 6 家、省级 73 家。尤其是工程机械产业，集聚了全球第一的卡特彼勒和全球第三、全国第一的徐工集团，以及 1800 余家工程机械上下游企业，2021 年产值达到 1618 亿元，中国工程机械之都的地位进一步巩固。

2021 年，徐州市知识产权运用指标指数为 0.5637，位居江苏省第 5 位，知识产权运用 – 数量和知识产权运用 – 效果 2 项二级指标均位居江苏省第 7 位，其中知识产权运用 – 数量指标排名较 2020 年下降 4 位。7 项三级指标中，专利实施许可合同备案量指标位居江苏省第 3 位；商标质押融资金额指标位居江苏省第 6 位，较 2020 年上升 4 位；知识产权技术合同成交数量指标位居江苏省第 12 位，较 2020 年下降 5 位。

2021 年，徐州市知识产权保护指标指数为 0.4867，位居江苏省第 10 位。知识产权保护 – 行政执法和知识产权保护 – 维权援助 2 项二级指标分别位居江苏省第 10 位和第 11 位，知识产权保护 – 维权援助指标排名较 2020 年上升 1 位。5 项三级指标中，维权援助中心举报投诉受理量指标位居江苏省第 2

位，较 2020 年上升 6 位；商标行政执法案件数量指标位居江苏省第 8 位，较 2020 年下降 2 位。

2021 年，徐州市知识产权环境指标指数为 0.5544，位居江苏省第 8 位。知识产权环境－管理、知识产权环境－服务和知识产权环境－人才 3 项二级指标分别位居江苏省第 10 位、第 9 位和第 5 位，排名较 2020 年分别下降 3 位、上升 3 位、上升 4 位。10 项三级指标中，专利申请代理率指标位居江苏省第 3 位，较 2020 年上升 5 位；知识产权贯标企业数量指标位居江苏省第 10 位，较 2020 年下降 9 位（表 5-3）。

表 5-3  徐州市知识产权实力分项指标指数

| 序号 | 指标 | 2021 年 | | 2020 年 | |
|---|---|---|---|---|---|
| | | 指数 | 排名 | 指数 | 排名 |
| | 知识产权实力指数 | 0.5584 | 6 | 0.5279 | 7 |
| | 知识产权创造 | 0.5935 | 7 | 0.5653 | 7 |
| | 数量 | 0.6142 | 6 | 0.5956 | 6 |
| 1 | 专利授权量 | 0.6332 | 5 | 0.6000 | 7 |
| 2 | 发明专利授权量 | 0.6374 | 6 | 0.6295 | 4 |
| 3 | PCT 国际专利申请量 | 0.5778 | 8 | 0.6070 | 6 |
| 4 | 商标注册量 | 0.6921 | 3 | 0.6516 | 4 |
| 5 | 地理标志商标数量 | 0.5625 | 8 | 0.4800 | 8 |
| 6 | 集成电路布图设计登记发证数量 | 0.6000 | 7 | 0.6146 | 6 |
| | 质量 | 0.6352 | 5 | 0.6753 | 5 |
| 7 | 发明专利授权量占比 | 0.6654 | 4 | 0.7467 | 2 |
| 8 | 发明专利授权率 | 0.6000 | 7 | 0.6000 | 7 |
| 9 | 高价值发明专利拥有量 | 0.6000 | 7 | 0.6000 | 7 |
| 10 | 专利获奖数量 | 0.6302 | 5 | 0.6457 | 6 |
| | 效率 | 0.5672 | 7 | 0.5027 | 8 |
| 11 | 每万人口发明专利拥有量 | 0.5718 | 8 | 0.5486 | 8 |

续表

| 序号 | 指标 | 2021 年 | | 2020 年 | |
|---|---|---|---|---|---|
| | | 指数 | 排名 | 指数 | 排名 |
| 12 | 每百亿元 GDP 专利授权量 | 0.6640 | 5 | / | / |
| 13 | 每十亿元 GDP 发明专利拥有量 | 0.6000 | 7 | 0.6000 | 7 |
| 14 | 每百亿元 GDP 高维持年限发明专利拥有量 | 0.3573 | 11 | 0.2827 | 11 |
| 15 | 万企有效注册商标企业数 | 0.6332 | 6 | 0.5785 | 8 |
| 16 | 每万户企业注册商标拥有量 | 0.6000 | 7 | 0.5445 | 10 |
| | 知识产权运用 | 0.5637 | 5 | 0.5701 | 5 |
| | 数量 | 0.5938 | 7 | 0.6306 | 3 |
| 17 | 专利实施许可合同备案量 | 0.6719 | 3 | 0.6397 | 3 |
| 18 | 专利实施许可合同备案涉及专利量 | 0.6101 | 4 | 0.6312 | 4 |
| 19 | 知识产权质押项目数 | 0.6664 | 4 | 0.6448 | 3 |
| 20 | 知识产权技术合同成交数量 | 0.3744 | 12 | 0.6000 | 7 |
| | 效果 | 0.5137 | 7 | 0.4692 | 7 |
| 21 | 知识产权技术合同成交金额 | 0.1379 | 13 | 0.3562 | 9 |
| 22 | 专利质押融资金额 | 0.6509 | 5 | 0.6237 | 6 |
| 23 | 商标质押融资金额 | 0.6479 | 6 | 0.0000 | 10 |
| | 知识产权保护 | 0.4867 | 10 | 0.3757 | 10 |
| | 行政执法 | 0.5135 | 10 | 0.5471 | 10 |
| 24 | 查处专利侵权纠纷和假冒专利案件量 | 0.6007 | 6 | 0.6622 | 6 |
| 25 | 商标行政执法案件数量 | 0.5968 | 8 | 0.6889 | 6 |
| 26 | "正版正货"承诺企业数量 | 0.2943 | 12 | 0.2167 | 13 |
| | 维权援助 | 0.4421 | 11 | 0.0900 | 12 |
| 27 | 维权援助中心及分支机构数量 | 0.1500 | 13 | 0.1500 | 12 |
| 28 | 维权援助中心举报投诉受理量 | 0.8802 | 2 | 0.0000 | 8 |
| | 知识产权环境 | 0.5544 | 8 | 0.5631 | 8 |
| | 管理 | 0.5335 | 10 | 0.5768 | 7 |
| 29 | 知识产权专项经费投入 | 0.6000 | 7 | 0.6334 | 6 |

续表

| 序号 | 指标 | 2021 年 | | 2020 年 | |
|---|---|---|---|---|---|
| | | 指数 | 排名 | 指数 | 排名 |
| 30 | 知识产权管理机构人员数 | 0.6923 | 5 | 0.7091 | 4 |
| 31 | 省级知识产权示范园区数 | 0.7091 | 5 | / | / |
| 32 | 知识产权贯标企业数量 | 0.4154 | 10 | 1.0000 | 1 |
| 33 | 知识产权战略推进计划项目数 | 0.4300 | 10 | 0.2880 | 10 |
| | 服务 | 0.5523 | 9 | 0.5145 | 12 |
| 34 | 专利申请代理率 | 0.6934 | 3 | 0.5968 | 8 |
| 35 | 商标申请代理率 | 0.4955 | 11 | 0.4678 | 12 |
| 36 | 知识产权服务机构数量 | 0.6678 | 4 | 0.6770 | 4 |
| | 人才 | 0.6147 | 5 | 0.5860 | 9 |
| 37 | 通过全国专利代理师资格考试人数 | 0.6294 | 5 | 0.6336 | 5 |
| 38 | 知识产权领军及骨干人才数量 | 0.6000 | 7 | 0.6000 | 7 |

## 四、常州市知识产权实力分项指标分析

2021 年常州市知识产权实力指数为 0.6542，位居江苏省第 5 位，较 2020 年下降 2 位。如图 5-4 所示，常州市知识产权创造、知识产权运用、知识产权保护和知识产权环境 4 项一级指标发展不均衡，知识产权创造和知识产权环境 2 项指标指数要高于知识产权运用和知识产权保护指标指数。

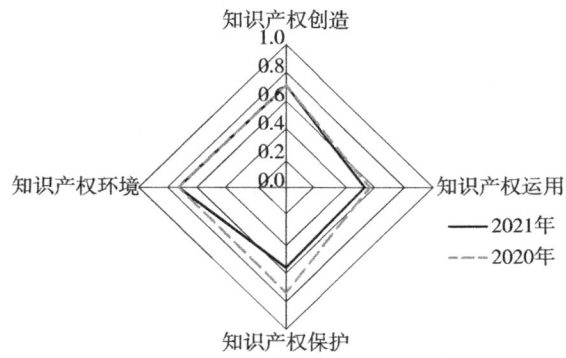

**图 5-4 2020—2021 年常州市知识产权实力一级指标指数**

2021 年，常州市知识产权创造指标指数为 0.7110，位居江苏省第 3 位，排名较 2020 年上升 1 位。知识产权创造－数量、知识产权创造－质量和知识产权创造－效率 3 项二级指标分别位居江苏省第 5 位、第 6 位和第 3 位，其中知识产权创造－质量指标排名上升 1 位。16 项三级指标中，发明专利授权量占比指标位居江苏省第 6 位，较 2020 年上升 4 位；发明专利授权率指标位居江苏省第 9 位，较 2020 年下降 3 位。截至 2021 年年底，常州市有效发明专利量 23 670 件，同比增长 22.88 %。从技术领域小类来看，有效发明专利量前三位的技术领域分别是电机、电气装置、电能 2283 件，机器工具 1813 件，测量 1683 件，合计 5779 件，占常州市有效发明专利总量的 24.41%。从重点企业专利权人来看，有效发明专利量前三位的企业分别是诚瑞光学（常州）股份有限公司 348 件、溧阳常大技术转移中心有限公司 343 件、中车戚墅堰机车车辆工艺研究所有限公司 290 件。

从先进制造业集群发明专利授权量来看，2021 年常州市新能源（智能网联）汽车产业集群发明专利授权量 335 件，仅次于南京和苏州，位居江苏省第 3 位，其中，动力电池领域发明专利授权量达到 151 件，位居江苏省第 1 位。从重点企业来看，蜂巢能源科技股份有限公司、江苏时代新能源科技有限公司 2021 年度新能源（智能网联）汽车产业发明专利授权量分别为 73 件、15 件。2021 年，常州新能源（智能网联）汽车产业产值增长超过 60%。其中，常州新能源汽车产业规模超 1300 亿元。新能源整车产销量超 9 万辆，规模达 200 亿元；汽车零部件产业规模超 1000 亿元，其中动力电池产业规模超 600 亿元。常州成为引领全国汽车产业转型的重要力量、国内新能源汽车领域的创新高地。

2021 年，常州市知识产权运用指标指数为 0.5345，位居江苏省第 6 位，较 2020 年下降 2 位。知识产权运用－数量和知识产权运用－效果 2 项二级指标分别位居江苏省第 6 位、第 9 位，2 项排名较 2020 年分别下降 1 位、4 位。7 项三级指标中，商标质押融资金额指标位居江苏省第 2 位，较 2020 年上升 4 位；专利质押融资金额指标位居江苏省第 12 位，较 2020 年下降 5 位。

2021 年，常州市知识产权保护指标指数为 0.5820，位居江苏省第 6 位，较 2020 年下降 3 位。知识产权保护－行政执法和知识产权保护－维权援助 2 项二级指标分别位居江苏省第 7 位、第 5 位，排名较 2020 年均下降 3 位。5 项三级指标中，"正版正货"承诺企业数量和维权援助中心及分支机构数量指标分别位居江苏省第 2 位和第 1 位；查处专利侵权纠纷和假冒专利案件量、维权援助中心举报投诉受理量指标分别位居江苏省第 11 位、第 13 位，较 2020 年分别下降 8 位、6 位。

2021 年，常州市知识产权环境指标指数为 0.7325，位居江苏省第 4 位，排名较 2020 年下降 1 位。知识产权环境－管理、知识产权环境－服务和知识产权环境－人才 3 项二级指标分别位居江苏省第 4 位、第 3 位和第 3 位，其中，知识产权环境－管理和知识产权环境－服务 2 项指标排名较 2020 年均下降 1 位，知识产权环境－人才指标排名较 2020 年上升 5 位。10 项三级指标中，知识产权贯标企业数量、专利申请代理率 2 项指标均位居江苏省第 2 位，较 2020 年分别上升 2 位、1 位；商标申请代理率指标位居江苏省第 4 位，较 2020 年下降 3 位（表 5–4）。

表 5–4　常州市知识产权实力分项指标指数

| 序号 | 指标 | 2021 年 | | 2020 年 | |
|---|---|---|---|---|---|
| | | 指数 | 排名 | 指数 | 排名 |
| | **知识产权实力指数** | 0.6542 | 5 | 0.6915 | 3 |
| | **知识产权创造** | 0.7110 | 3 | 0.7050 | 4 |
| | **数量** | 0.6304 | 5 | 0.6092 | 5 |
| 1 | 专利授权量 | 0.6679 | 4 | 0.6501 | 4 |
| 2 | 发明专利授权量 | 0.6423 | 5 | 0.6187 | 5 |
| 3 | PCT 国际专利申请量 | 0.6326 | 4 | 0.6345 | 3 |
| 4 | 商标注册量 | 0.6146 | 6 | 0.6022 | 6 |
| 5 | 地理标志商标数量 | 0.5625 | 8 | 0.4800 | 8 |
| 6 | 集成电路布图设计登记发证数量 | 0.6297 | 5 | 0.6413 | 5 |
| | **质量** | 0.6204 | 6 | 0.6246 | 7 |
| 7 | 发明专利授权量占比 | 0.6054 | 6 | 0.5812 | 10 |
| 8 | 发明专利授权率 | 0.5881 | 9 | 0.6359 | 6 |
| 9 | 高价值发明专利拥有量 | 0.6377 | 5 | 0.6422 | 5 |
| 10 | 专利获奖数量 | 0.6604 | 3 | 0.7371 | 3 |
| | **效率** | 0.7786 | 3 | 0.7720 | 3 |
| 11 | 每万人口发明专利拥有量 | 0.7169 | 5 | 0.7266 | 5 |
| 12 | 每百亿元 GDP 专利授权量 | 0.7917 | 2 | / | / |
| 13 | 每十亿元 GDP 发明专利拥有量 | 0.6187 | 5 | 0.6226 | 6 |
| 14 | 每百亿元 GDP 高维持年限发明专利拥有量 | 0.7744 | 3 | 0.7625 | 5 |
| 15 | 万企有效注册商标企业数 | 1.0000 | 1 | 1.0000 | 1 |
| 16 | 每万户企业注册商标拥有量 | 0.7806 | 3 | 0.9415 | 2 |
| | **知识产权运用** | 0.5345 | 6 | 0.5837 | 4 |
| | **数量** | 0.6019 | 6 | 0.5637 | 5 |

续表

| 序号 | 指标 | 2021 年 | | 2020 年 | |
|---|---|---|---|---|---|
| | | 指数 | 排名 | 指数 | 排名 |
| 17 | 专利实施许可合同备案量 | 0.6000 | 7 | 0.4667 | 9 |
| 18 | 专利实施许可合同备案涉及专利量 | 0.6000 | 7 | 0.6010 | 6 |
| 19 | 知识产权质押项目数 | 0.6000 | 7 | 0.6000 | 7 |
| 20 | 知识产权技术合同成交数量 | 0.6095 | 6 | 0.6038 | 6 |
| | **效果** | 0.4222 | 9 | 0.6170 | 5 |
| 21 | 知识产权技术合同成交金额 | 0.6403 | 5 | 0.6458 | 5 |
| 22 | 专利质押融资金额 | 0.2308 | 12 | 0.6000 | 7 |
| 23 | 商标质押融资金额 | 0.8469 | 2 | 0.6359 | 6 |
| | **知识产权保护** | 0.5820 | 6 | 0.7501 | 3 |
| | **行政执法** | 0.5586 | 7 | 0.6961 | 4 |
| 24 | 查处专利侵权纠纷和假冒专利案件量 | 0.3090 | 11 | 0.7487 | 3 |
| 25 | 商标行政执法案件数量 | 0.6000 | 7 | 0.5778 | 8 |
| 26 | "正版正货"承诺企业数量 | 0.8263 | 2 | 0.7806 | 3 |
| | **维权援助** | 0.6211 | 5 | 0.8400 | 2 |
| 27 | 维权援助中心及分支机构数量 | 1.0000 | 1 | 1.0000 | 1 |
| 28 | 维权援助中心举报投诉受理量 | 0.0527 | 13 | 0.6000 | 7 |
| | **知识产权环境** | 0.7325 | 4 | 0.7135 | 3 |
| | **管理** | 0.7118 | 4 | 0.6615 | 3 |
| 29 | 知识产权专项经费投入 | 0.5305 | 8 | 0.6000 | 7 |
| 30 | 知识产权管理机构人员数 | 0.4909 | 9 | 0.4909 | 10 |
| 31 | 省级知识产权示范园区数 | 0.6000 | 7 | / | / |
| 32 | 知识产权贯标企业数量 | 0.9403 | 2 | 0.7387 | 4 |
| 33 | 知识产权战略推进计划项目数 | 0.7782 | 3 | 0.7371 | 2 |
| | **服务** | 0.8278 | 3 | 0.9292 | 2 |
| 34 | 专利申请代理率 | 0.7198 | 2 | 0.8126 | 3 |
| 35 | 商标申请代理率 | 0.8837 | 4 | 1.0000 | 1 |

续表

| 序号 | 指标 | 2021 年 | | 2020 年 | |
|---|---|---|---|---|---|
| | | 指数 | 排名 | 指数 | 排名 |
| 36 | 知识产权服务机构数量 | 0.6523 | 5 | 0.6668 | 5 |
| | **人才** | **0.6704** | **3** | **0.5867** | **8** |
| 37 | 通过全国专利代理师资格考试人数 | 0.6785 | 3 | 0.6816 | 3 |
| 38 | 知识产权领军及骨干人才数量 | 0.6623 | 3 | 0.6623 | 3 |

## 五、苏州市知识产权实力分项指标分析

2021 年苏州市知识产权实力指数为 0.8032，位居江苏省第 2 位。如图 5–5 所示，苏州市知识产权创造、知识产权运用、知识产权保护和知识产权环境 4 项一级指标发展较为均衡。

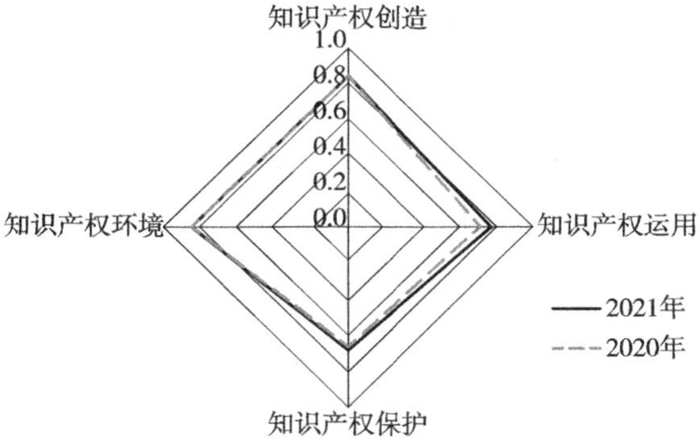


**图 5–5　2020—2021 年苏州市知识产权实力一级指标指数**

2021 年，苏州市知识产权创造指标指数为 0.8459，位居江苏省第 2 位。知识产权创造 – 数量、知识产权创造 – 质量和知识产权创造 – 效率 3 项二级指标分别位居江苏省第 1 位、第 3 位和第 1 位，其中，知识产权创造 – 质量指标较 2020 年下降 1 位。16 项三级指标中，13 项指标位居江苏省前三位，7

项指标位居江苏省首位。截至 2021 年年底，苏州市有效发明专利量 85 957 件，同比增长 16.15 %。从技术领域小类来看，有效发明专利量前三位的技术领域分别是电机、电气装置、电能 7947 件，机器工具 7704 件，装卸 4987 件，合计 20 638 件，占苏州市有效发明专利总量的 24.01%。从重点企业专利权人来看，有效发明专利量前三位的企业分别是苏州浪潮智能科技有限公司 1400 件、富士康（昆山）电脑接插件有限公司 874 件、博众精工科技股份有限公司 841 件。

从先进制造业集群发明专利授权量来看，2021 年苏州市高端新材料产业集群发明专利授权量 439 件，仅次于南京，位居江苏省第二位，其中，特钢新材料、先进碳材料、纳米新材料、高温合金材料领域发明专利授权量分别达到 219 件、129 件、122 件、33 件，均位列江苏省第二位。从重点企业来看，江苏省沙钢钢铁研究院有限公司、张家港宏昌钢板有限公司 2021 年度高端新材料产业发明专利授权量分别为 38 件和 12 件。纳米新材料产业是苏州重点布局的先导产业之一，形成了高性能微球、氮化镓、碳纳米管、有机硅胶、光电材料等一批纳米新材料产品，在锂离子电池、半导体器件、LED、光伏、生物医药等领域的上游核心纳米材料环节，突破了一批国际一流、国内领先的关键核心技术，形成了较强的竞争优势。

2021 年，苏州市知识产权运用指标指数为 0.7824，位居江苏省第 2 位。知识产权运用 – 数量和知识产权运用 – 效果 2 项二级指标分别位居江苏省第 3 位和第 1 位，2 项指标分别下降 1 位、上升 2 位。7 项三级指标中，知识产权技术合同成交金额、专利质押融资金额 2 项指标均位居江苏省第 1 位；专利实施许可合同备案量、专利质押融资金额 2 项指标分别位居江苏省第 4 位、第 1 位，较 2020 年均上升 2 位；知识产权质押项目数、商标质押融资金额 2 项指标分别位居江苏省第 6 位、第 3 位，较 2020 年均下降 2 位。

2021 年，苏州市知识产权保护指标指数为 0.6847，位居江苏省第 3 位，较 2020 年上升 1 位。知识产权保护 – 行政执法和知识产权保护 – 维权援助 2 项二级指标分别位居江苏省第 2 位、第 3 位，较 2020 年分别上升 3 位和 2 位。查处专利侵权纠纷和假冒专利案件量指标位居江苏省第 2 位，较 2020 年上升 7 位。

2021 年，苏州市知识产权环境指标指数为 0.8574，位居江苏省第 2 位。知识产权环境 – 管理、知识产权环境 – 服务和知识产权环境 – 人才 3 项二级指标分别位居江苏省第 1 位、第 7 位和第 2 位，其中，知识产权环境 – 服务和知识产权环境 – 人才 2 项指标排名较 2020 年分别上升 1 位、下降 1 位。10 项三级指标中，8 项指标位居江苏省前三位，4 项指标位居江苏省首位（表 5–5）。

表 5–5　苏州市知识产权实力分项指标指数

| 序号 | 指标 | 2021 年 | | 2020 年 | |
|---|---|---|---|---|---|
| | | 指数 | 排名 | 指数 | 排名 |
| | **知识产权实力指数** | 0.8032 | 2 | 0.7893 | 2 |
| | **知识产权创造** | 0.8459 | 2 | 0.8507 | 2 |
| | **数量** | 0.8908 | 1 | 0.8765 | 1 |
| 1 | 专利授权量 | 1.0000 | 1 | 1.0000 | 1 |
| 2 | 发明专利授权量 | 0.8531 | 2 | 0.8420 | 2 |
| 3 | PCT 国际专利申请量 | 1.0000 | 1 | 1.0000 | 1 |
| 4 | 商标注册量 | 1.0000 | 1 | 1.0000 | 1 |
| 5 | 地理标志商标数量 | 0.6144 | 5 | 0.6107 | 5 |
| 6 | 集成电路布图设计登记发证数量 | 0.8963 | 2 | 0.8233 | 3 |
| | **质量** | 0.7141 | 3 | 0.7365 | 2 |
| 7 | 发明专利授权量占比 | 0.5637 | 8 | 0.6000 | 7 |
| 8 | 发明专利授权率 | 0.5083 | 11 | 0.5794 | 8 |

续表

| 序号 | 指标 | 2021 年 | | 2020 年 | |
|---|---|---|---|---|---|
| | | 指数 | 排名 | 指数 | 排名 |
| 9 | 高价值发明专利拥有量 | 0.9095 | 2 | 0.9256 | 2 |
| 10 | 专利获奖数量 | 1.0000 | 1 | 1.0000 | 1 |
| | **效率** | 0.8973 | 1 | 0.8991 | 1 |
| 11 | 每万人口发明专利拥有量 | 0.8433 | 2 | 0.9092 | 2 |
| 12 | 每百亿元 GDP 专利授权量 | 1.0000 | 1 | / | / |
| 13 | 每十亿元 GDP 发明专利拥有量 | 0.7707 | 2 | 0.8210 | 2 |
| 14 | 每百亿元 GDP 高维持年限发明专利拥有量 | 1.0000 | 1 | 1.0000 | 1 |
| 15 | 万企有效注册商标企业数 | 0.8900 | 2 | 0.7755 | 2 |
| 16 | 每万户企业注册商标拥有量 | 1.0000 | 1 | 1.0000 | 1 |
| | **知识产权运用** | 0.7824 | 2 | 0.7210 | 2 |
| | **数量** | 0.6787 | 3 | 0.6474 | 2 |
| 17 | 专利实施许可合同备案量 | 0.6647 | 4 | 0.6251 | 6 |
| 18 | 专利实施许可合同备案涉及专利量 | 0.7107 | 3 | 0.6431 | 3 |
| 19 | 知识产权质押项目数 | 0.6304 | 6 | 0.6328 | 4 |
| 20 | 知识产权技术合同成交数量 | 0.7113 | 2 | 0.7023 | 2 |
| | **效果** | 0.9552 | 1 | 0.8438 | 3 |
| 21 | 知识产权技术合同成交金额 | 1.0000 | 1 | 1.0000 | 1 |
| 22 | 专利质押融资金额 | 1.0000 | 1 | 0.7396 | 3 |
| 23 | 商标质押融资金额 | 0.6639 | 3 | 1.0000 | 1 |
| | **知识产权保护** | 0.6847 | 3 | 0.6676 | 4 |
| | **行政执法** | 0.7047 | 2 | 0.6839 | 5 |
| 24 | 查处专利侵权纠纷和假冒专利案件量 | 0.6694 | 2 | 0.5564 | 9 |
| 25 | 商标行政执法案件数量 | 0.8808 | 3 | 0.9675 | 2 |
| 26 | "正版正货"承诺企业数量 | 0.5236 | 8 | 0.4833 | 8 |
| | **维权援助** | 0.6514 | 3 | 0.6404 | 5 |
| 27 | 维权援助中心及分支机构数量 | 0.6857 | 3 | 0.6286 | 3 |

| 序号 | 指标 | 2021 年 | | 2020 年 | |
|------|------|--------|--------|--------|--------|
| | | 指数 | 排名 | 指数 | 排名 |
| 28 | 维权援助中心举报投诉受理量 | 0.6000 | 7 | 0.6581 | 5 |
| | **知识产权环境** | **0.8574** | **2** | **0.8564** | **2** |
| | **管理** | 0.9463 | 1 | 0.9226 | 1 |
| 29 | 知识产权专项经费投入 | 1.0000 | 1 | 1.0000 | 1 |
| 30 | 知识产权管理机构人员数 | 0.9077 | 2 | 0.7818 | 2 |
| 31 | 省级知识产权示范园区数 | 1.0000 | 1 | / | / |
| 32 | 知识产权贯标企业数量 | 0.7972 | 3 | 0.7923 | 3 |
| 33 | 知识产权战略推进计划项目数 | 1.0000 | 1 | 1.0000 | 1 |
| | **服务** | 0.5984 | 7 | 0.6060 | 8 |
| 34 | 专利申请代理率 | 0.6107 | 6 | 0.5789 | 9 |
| 35 | 商标申请代理率 | 0.5375 | 8 | 0.5574 | 9 |
| 36 | 知识产权服务机构数量 | 1.0000 | 1 | 1.0000 | 1 |
| | **人才** | 0.9368 | 2 | 0.9873 | 1 |
| 37 | 通过全国专利代理师资格考试人数 | 0.9755 | 2 | 1.0000 | 1 |
| 38 | 知识产权领军及骨干人才数量 | 0.8981 | 2 | 0.8981 | 2 |

## 六、南通市知识产权实力分项指标分析

2021 年南通市知识产权实力指数为 0.6912，位居江苏省第 3 位，排名较 2020 年上升 2 位。如图 5-6 所示，南通市知识产权创造、知识产权运用、知识产权保护和知识产权环境 4 项一级指标发展不均衡，知识产权环境指标指数高于知识产权创造、知识产权运用和知识产权保护 3 项指标指数。

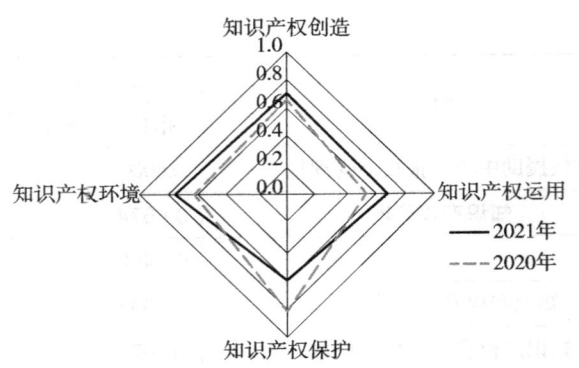

**图 5-6　2020—2021 年南通市知识产权实力一级指标指数**

2021 年，南通市知识产权创造指标指数为 0.7060，位居江苏省第 4 位。知识产权创造 - 数量、知识产权创造 - 质量和知识产权创造 - 效率 3 项二级指标分别位居江苏省第 4 位、第 2 位和第 5 位，其中，知识产权创造 - 质量指标排名较 2020 年上升 4 位。16 项三级指标中，发明专利授权量指标位居江苏省第 3 位，较 2020 年提升 3 位；专利授权量、PCT 国际专利申请量、地理标志商标数量 3 项指标分别位居江苏省第 6 位、第 6 位和第 4 位，较 2020 年均下降 1 位。截至 2021 年年底，南通市有效发明专利量 32 395 件，同比增长 20.16 %。从技术领域小类来看，有效发明专利量前三位的技术领域分别是机器工具 3151 件，电机、电气装置、电能 2357 件，装卸 1943 件，合计 7451 件，占南通市有效发明专利总量的 23.00%。从重点企业专利权人来看，有效发明专利量前三位的企业分别是海门黄海创业园服务有限公司 311 件、通富微电子股份有限公司 261 件、南通东湖国际旅行社有限公司 236 件。

从先进制造业集群发明专利授权量来看，2021 年南通市高端纺织产业集群发明专利授权量 172 件，仅次于苏州，位居江苏省第 2 位，其中，品牌服装、化学纤维领域发明专利授权量分别达到 66 件、78 件，分别位列江苏省第 1 位、第 2 位。从重点企业来看，东丽纤维研究所（中国）有限公司、海安启弘纺织科技有限公司 2021 年度高端纺织产业发明专利授权量分别为 8 件和 4 件。高端纺织业是南通早年最具识别度的支柱产业之一。2021 年，南通市共有规模以上纺织企业 1000 余家，从业人员超 65 万人，各类企业和工商户约 8.5 万户。其中，叠石桥和志浩两大家纺市场成交额超 2300 亿元，在全国床品市场占有率远超"半壁江山"。目前，南通市已聚集了罗莱生活科技服务有限公司、紫罗兰家纺科技服务有限公司、江苏金太阳纺织科技股份有限公司等多家知名家纺企业。

2021 年，南通市知识产权运用指标指数为 0.6856，位居江苏省第 4 位，较 2020 年上升 2 位。知识产权运用－数量和知识产权运用－效果 2 项二级指标分别位居江苏省第 5 位、第 4 位，其中，知识产权运用－数量指标排名较 2020 年上升 4 位。7 项三级指标中，专利实施许可合同备案涉及专利量指标位居江苏省第 6 位，较 2020 年上升 5 位；商标质押融资金额指标位居江苏省第 5 位，较 2020 年下降 2 位。

2021 年，南通市知识产权保护指标指数为 0.6060，位居江苏省第 4 位，较 2020 年下降 3 位。知识产权保护－行政执法和知识产权保护－维权援助 2 项二级指标分别位居江苏省第 5 位和第 8 位，指标排名较 2020 年均下降 4 位。5 项三级指标中，"正版正货"承诺企业数量指标位居江苏省第 4 位，较 2020 年上升 1 位；查处专利侵权纠纷和假冒专利案件量、维权援助中心举报投诉受理量 2 项指标分别位居江苏省第 12 位和第 10 位，较 2020 年分别下降 11 位和 7 位。

2021 年，南通市知识产权环境指标指数为 0.7525，位居江苏省第 3 位，较 2020 年上升 2 位。知识产权环境－管理、知识产权环境－服务和知识产权环境－人才 3 项二级指标分别位居江苏省第 3 位、第 1 位和第 6 位，较 2020 年分别上升 2 位、上升 10 位、下降 2 位。10 项三级指标中，商标申请代理率指标位居江苏省首位，较 2020 年上升 10 位（表 5-6）。

表 5-6 南通市知识产权实力分项指标指数

| 序号 | 指标 | 2021 年 | | 2020 年 | |
|---|---|---|---|---|---|
| | | 指数 | 排名 | 指数 | 排名 |
| | **知识产权实力指数** | **0.6912** | **3** | **0.6623** | **5** |
| | **知识产权创造** | **0.7060** | **4** | **0.6566** | **5** |
| | **数量** | 0.6467 | 4 | 0.6242 | 4 |
| 1 | 专利授权量 | 0.6305 | 6 | 0.6118 | 5 |
| 2 | 发明专利授权量 | 0.6788 | 3 | 0.6054 | 6 |
| 3 | PCT 国际专利申请量 | 0.6150 | 6 | 0.6275 | 5 |
| 4 | 商标注册量 | 0.6596 | 5 | 0.6134 | 5 |
| 5 | 地理标志商标数量 | 0.6541 | 4 | 0.6500 | 3 |
| 6 | 集成电路布图设计登记发证数量 | 0.6404 | 4 | 0.6476 | 4 |
| | **质量** | 0.7220 | 2 | 0.6565 | 6 |
| 7 | 发明专利授权量占比 | 0.7993 | 2 | 0.6262 | 4 |
| 8 | 发明专利授权率 | 0.6916 | 5 | 0.7518 | 5 |
| 9 | 高价值发明专利拥有量 | 0.6552 | 4 | 0.6556 | 4 |
| 10 | 专利获奖数量 | 0.6352 | 4 | 0.6800 | 5 |
| | **效率** | 0.7153 | 5 | 0.6660 | 5 |
| 11 | 每万人口发明专利拥有量 | 0.7006 | 6 | 0.7017 | 6 |
| 12 | 每百亿元 GDP 专利授权量 | 0.4842 | 11 | / | / |
| 13 | 每十亿元 GDP 发明专利拥有量 | 0.6534 | 4 | 0.6587 | 4 |
| 14 | 每百亿元 GDP 高维持年限发明专利拥有量 | 0.8567 | 3 | 0.8449 | 3 |
| 15 | 万企有效注册商标企业数 | 0.8664 | 3 | 0.6678 | 3 |
| 16 | 每万户企业注册商标拥有量 | 0.6301 | 5 | 0.6056 | 6 |
| | **知识产权运用** | **0.6856** | **4** | **0.5377** | **6** |
| | **数量** | 0.6585 | 5 | 0.4594 | 9 |
| 17 | 专利实施许可合同备案量 | 0.6395 | 5 | 0.5333 | 8 |

续表

| 序号 | 指标 | 2021 年 | | 2020 年 | |
|---|---|---|---|---|---|
| | | 指数 | 排名 | 指数 | 排名 |
| 18 | 专利实施许可合同备案涉及专利量 | 0.6039 | 6 | 0.1317 | 11 |
| 19 | 知识产权质押项目数 | 0.7145 | 3 | 0.6231 | 5 |
| 20 | 知识产权技术合同成交数量 | 0.6944 | 3 | 0.6182 | 3 |
| | 效果 | 0.7308 | 4 | 0.6683 | 4 |
| 21 | 知识产权技术合同成交金额 | 0.6980 | 4 | 0.7139 | 3 |
| 22 | 专利质押融资金额 | 0.7633 | 4 | 0.6487 | 5 |
| 23 | 商标质押融资金额 | 0.6498 | 5 | 0.6651 | 3 |
| | 知识产权保护 | 0.6060 | 4 | 0.8359 | 1 |
| | 行政执法 | 0.6635 | 5 | 0.9190 | 1 |
| 24 | 查处专利侵权纠纷和假冒专利案件量 | 0.2747 | 12 | 1.0000 | 1 |
| 25 | 商标行政执法案件数量 | 1.0000 | 1 | 1.0000 | 1 |
| 26 | "正版正货"承诺企业数量 | 0.7307 | 4 | 0.7106 | 5 |
| | 维权援助 | 0.5101 | 8 | 0.6975 | 4 |
| 27 | 维权援助中心及分支机构数量 | 0.6286 | 4 | 0.6286 | 3 |
| 28 | 维权援助中心举报投诉受理量 | 0.3324 | 10 | 0.8009 | 3 |
| | 知识产权环境 | 0.7525 | 3 | 0.6245 | 5 |
| | 管理 | 0.7478 | 3 | 0.6447 | 5 |
| 29 | 知识产权专项经费投入 | 0.6763 | 4 | 0.6541 | 4 |
| 30 | 知识产权管理机构人员数 | 0.4364 | 11 | 0.4364 | 12 |
| 31 | 省级知识产权示范园区数 | 0.8545 | 2 | / | / |
| 32 | 知识产权贯标企业数量 | 1.0000 | 1 | 0.6000 | 7 |
| 33 | 知识产权战略推进计划项目数 | 0.7347 | 4 | 0.6743 | 4 |
| | 服务 | 0.8737 | 1 | 0.5246 | 11 |
| 34 | 专利申请代理率 | 0.5536 | 10 | 0.5276 | 11 |
| 35 | 商标申请代理率 | 1.0000 | 1 | 0.5072 | 11 |
| 36 | 知识产权服务机构数量 | 0.6302 | 6 | 0.6399 | 6 |

| 序号 | 指标 | 2021 年 | | 2020 年 | |
|---|---|---|---|---|---|
| | | 指数 | 排名 | 指数 | 排名 |
| | 人才 | 0.6140 | 6 | 0.6942 | 4 |
| 37 | 通过全国专利代理师资格考试人数 | 0.6147 | 6 | 0.6128 | 6 |
| 38 | 知识产权领军及骨干人才数量 | 0.6132 | 6 | 0.6132 | 6 |

## 七、连云港市知识产权实力分项指标分析

2021 年连云港市知识产权实力指数为 0.3908，位居江苏省第 12 位。如图 5-7 所示，连云港市知识产权创造、知识产权运用、知识产权保护和知识产权环境 4 项一级指标发展不均衡，知识产权创造和知识产权保护指标指数要高于知识产权运用和知识产权环境指标指数。

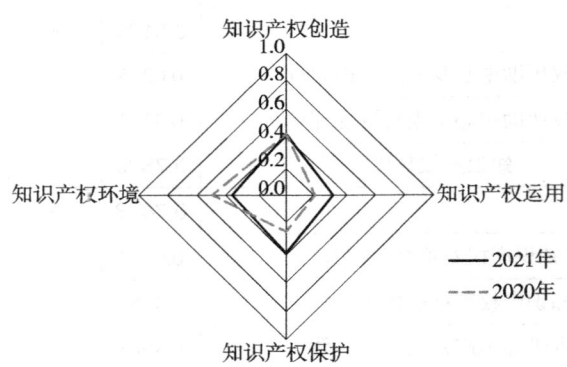

**图 5-7 2020—2021 年连云港市知识产权实力一级指标指数**

2021 年，连云港市知识产权创造指标指数为 0.4295，位居江苏省第 11 位。知识产权创造 - 数量、知识产权创造 - 质量和知识产权创造 - 效率 3 项二级指标分别位居江苏省第 11 位、第 8 位和第 11 位，其中，知识产权创

造－数量指标排名较 2020 年上升 1 位。16 项三级指标中,PCT 国际专利申请量、发明专利授权量占比 2 项指标分别位居江苏省第 7 位、第 5 位,较 2020 年均上升 3 位;地理标志商标数量指标位居江苏省第 13 位,较 2020 年下降 3 位。截至 2021 年年底,连云港市有效发明专利量 4784 件,同比增长 22.13 %。从技术领域小类来看,有效发明专利量前三位的技术领域分别是有机精细化学 952 件,药品 563 件,其他特殊机械 287 件,合计 1802 件,占连云港市有效发明专利总量的 37.67%。从重点企业专利权人来看,有效发明专利量前三位的企业分别是江苏康缘药业股份有限公司 450 件、江苏恒瑞医药股份有限公司 299 件、正大天晴药业集团股份有限公司 276 件。

从先进制造业集群发明专利授权量来看,2021 年连云港市生物医药产业集群发明专利授权量 214 件,仅次于南京、苏州、无锡,位居江苏省第 4 位,其中,化学药、中药领域发明专利授权量分别达到 170 件、25 件,分别位列江苏省第 3 位和第 2 位。从重点企业来看,江苏恒瑞医药股份有限公司、正大天晴药业集团股份有限公司和江苏康缘药业股份有限公司 2021 年度生物医药产业发明专利授权量分别为 75 件、43 件和 37 件。新医药产业是连云港市最具特色、最具活力、最具竞争力的主导产业之一。连云港开发区成功培育了江苏恒瑞医药股份有限公司、江苏豪森药业集团有限公司、江苏康缘药业股份有限公司、正大天晴药业集团股份有限公司等一批行业龙头企业,形成了抗肿瘤、精神类、抗生素、心脑血管、糖尿病等众多明星产业板块,在重大中成药品种二次开发、化学药仿制、创新药研发等诸多领域成绩显著。2021 年,连云港开发区新医药产业中,规模以上医药工业企业实现产值 446.5 亿元,实现营业收入 411.5 亿元,实现应税销售收入 398.4 亿元。

2021 年,连云港市知识产权运用指标指数为 0.3192,位居江苏省第 12 位,较 2020 年上升 1 位。知识产权运用－数量和知识产权运用－效果 2 项二级指标分别位居江苏省第 13 位和第 5 位，其中，知识产权运用 – 效果指标较 2020 年上升 6 位。7 项三级指标中，商标质押融资金额指标排名较 2020 年上升 4 位，专利实施许可合同备案涉及专利量指标排名较 2020 年下降 5 位。

2021 年，连云港市知识产权保护指标指数为 0.4064，位居江苏省第 13 位。知识产权保护 – 行政执法和知识产权保护 – 维权援助 2 项二级指标分别位居江苏省第 13 位、第 9 位，较 2020 年分别下降 1 位、上升 3 位。5 项三级指标中，查处专利侵权纠纷和假冒专利案件量、维权援助中心及分支机构数量 2 项指标分别位居江苏省第 10 位、第 8 位，较 2020 年分别上升 2 位和 4 位；商标行政执法案件数量指标位居江苏省第 13 位，较 2020 年下降 1 位。

2021 年，连云港市知识产权环境指标指数为 0.3693，位居江苏省第 12 位，较 2020 年下降 1 位。知识产权环境 – 管理、知识产权环境 – 服务和知识产权环境 – 人才 3 项二级指标指数分别位居江苏省第 13 位、第 12 位和第 11 位，其中，知识产权环境 – 服务和知识产权环境 – 人才 2 项指标较 2020 分别下降 9 位和 5 位。10 项三级指标中，知识产权管理机构人员数指标位居江苏省第 6 位，较 2020 年上升 1 位；专利申请代理率、商标申请代理率、知识产权服务机构数量、通过全国专利代理师资格考试人数 4 项指标分别位居江苏省第 5 位、第 12 位、第 12 位和第 13 位，较 2020 年分别下降 4 位、7 位、2 位和 2 位（表 5–7）。

表 5–7    连云港市知识产权实力分项指标指数

| 序号 | 指标 | 2021 年 | | 2020 年 | |
|---|---|---|---|---|---|
| | | 指数 | 排名 | 指数 | 排名 |
| | 知识产权实力指数 | 0.3908 | 12 | 0.3637 | 12 |
| | 知识产权创造 | 0.4295 | 11 | 0.4319 | 11 |
| | 数量 | 0.3856 | 11 | 0.3413 | 12 |

| 序号 | 指标 | 2021 年 | | 2020 年 | |
|---|---|---|---|---|---|
| | | 指数 | 排名 | 指数 | 排名 |
| 1 | 专利授权量 | 0.1992 | 13 | 0.1767 | 13 |
| 2 | 发明专利授权量 | 0.1925 | 12 | 0.1496 | 12 |
| 3 | PCT 国际专利申请量 | 0.6000 | 7 | 0.3888 | 10 |
| 4 | 商标注册量 | 0.5941 | 8 | 0.6000 | 7 |
| 5 | 地理标志商标数量 | 0.4125 | 13 | 0.4400 | 10 |
| 6 | 集成电路布图设计登记发证数量 | 0.6095 | 6 | 0.6000 | 7 |
| | 质量 | 0.5069 | 8 | 0.5045 | 8 |
| 7 | 发明专利授权量占比 | 0.6251 | 5 | 0.5896 | 8 |
| 8 | 发明专利授权率 | 0.8261 | 3 | 0.8834 | 3 |
| 9 | 高价值发明专利拥有量 | 0.2734 | 11 | 0.2717 | 11 |
| 10 | 专利获奖数量 | 0.2640 | 8 | 0.3333 | 8 |
| | 效率 | 0.4044 | 11 | 0.4226 | 11 |
| 11 | 每万人口发明专利拥有量 | 0.2607 | 11 | 0.2464 | 11 |
| 12 | 每百亿元 GDP 专利授权量 | 0.3367 | 13 | / | / |
| 13 | 每十亿元 GDP 发明专利拥有量 | 0.3017 | 11 | 0.3077 | 11 |
| 14 | 每百亿元 GDP 高维持年限发明专利拥有量 | 0.4853 | 8 | 0.5075 | 8 |
| 15 | 万企有效注册商标企业数 | 0.6000 | 7 | 0.6627 | 5 |
| 16 | 每万户企业注册商标拥有量 | 0.6174 | 6 | 0.6477 | 5 |
| | 知识产权运用 | 0.3192 | 12 | 0.1975 | 13 |
| | 数量 | 0.1737 | 13 | 0.2108 | 13 |
| 17 | 专利实施许可合同备案量 | 0.2143 | 12 | 0.0667 | 13 |
| 18 | 专利实施许可合同备案涉及专利量 | 0.0655 | 13 | 0.2488 | 8 |
| 19 | 知识产权质押项目数 | 0.2620 | 11 | 0.4213 | 11 |
| 20 | 知识产权技术合同成交数量 | 0.1622 | 13 | 0.1069 | 13 |
| | 效果 | 0.5617 | 5 | 0.1754 | 11 |
| 21 | 知识产权技术合同成交金额 | 0.4726 | 8 | 0.4075 | 8 |

续表

| 序号 | 指标 | 2021 年 | | 2020 年 | |
|---|---|---|---|---|---|
| | | 指数 | 排名 | 指数 | 排名 |
| 22 | 专利质押融资金额 | 0.5806 | 8 | 0.0937 | 10 |
| 23 | 商标质押融资金额 | 0.6548 | 4 | 0.0785 | 8 |
| | **知识产权保护** | **0.4064** | **13** | **0.2590** | **13** |
| | **行政执法** | 0.3511 | 13 | 0.3604 | 12 |
| 24 | 查处专利侵权纠纷和假冒专利案件量 | 0.3204 | 10 | 0.3696 | 12 |
| 25 | 商标行政执法案件数量 | 0.2951 | 13 | 0.3074 | 12 |
| 26 | "正版正货"承诺企业数量 | 0.4624 | 10 | 0.4167 | 10 |
| | **维权援助** | 0.4986 | 9 | 0.0900 | 12 |
| 27 | 维权援助中心及分支机构数量 | 0.5500 | 8 | 0.1500 | 12 |
| 28 | 维权援助中心举报投诉受理量 | 0.4216 | 8 | 0.0000 | 8 |
| | **知识产权环境** | **0.3693** | **12** | **0.4983** | **11** |
| | **管理** | 0.3370 | 13 | 0.3346 | 13 |
| 29 | 知识产权专项经费投入 | 0.1446 | 13 | 0.3320 | 13 |
| 30 | 知识产权管理机构人员数 | 0.6000 | 6 | 0.6000 | 7 |
| 31 | 省级知识产权示范园区数 | 0.3000 | 13 | / | / |
| 32 | 知识产权贯标企业数量 | 0.1747 | 13 | 0.3992 | 13 |
| 33 | 知识产权战略推进计划项目数 | 0.3300 | 12 | 0.2480 | 12 |
| | **服务** | 0.4593 | 12 | 0.7825 | 3 |
| 34 | 专利申请代理率 | 0.6143 | 5 | 1.0000 | 1 |
| 35 | 商标申请代理率 | 0.4205 | 12 | 0.7696 | 5 |
| 36 | 知识产权服务机构数量 | 0.4206 | 12 | 0.4378 | 10 |
| | **人才** | 0.3460 | 11 | 0.5934 | 6 |
| 37 | 通过全国专利代理师资格考试人数 | 0.1500 | 13 | 0.3750 | 11 |
| 38 | 知识产权领军及骨干人才数量 | 0.5419 | 8 | 0.5419 | 8 |

## 八、淮安市知识产权实力分项指标分析

2021 年淮安市知识产权实力指数为 0.4236，位居江苏省第 11 位。如图 5-8 所示，淮安市知识产权创造、知识产权运用、知识产权保护和知识产权环境 4 项一级指标发展不均衡，知识产权运用、知识产权保护和知识产权环境 3 个指标指数要高于知识产权创造指标指数。

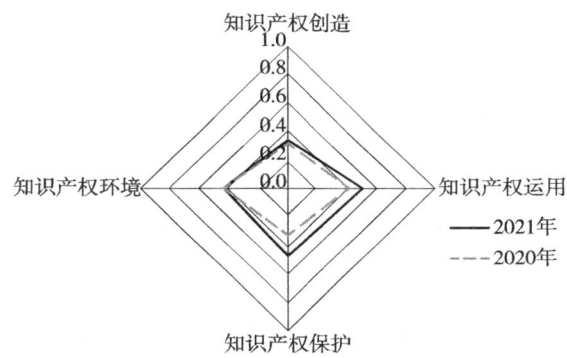

**图 5-8　2020—2021 年淮安市知识产权实力一级指标指数**

2021 年，淮安市知识产权创造指标指数为 0.3336，位居江苏省第 12 位。知识产权创造 – 数量、知识产权创造 – 质量和知识产权创造 – 效率 3 项二级指标分别位居江苏省第 12 位、第 12 位和第 13 位，其中，知识产权创造 – 数量指标排名较 2020 年下降 1 位。16 项三级指标中，发明专利授权率指标位居江苏省第 6 位，较 2020 年上升 5 位；集成电路布图设计登记发证数量指标位居江苏省第 11 位，较 2020 年下降 2 位。截至 2021 年年底，淮安市有效发明专利量 4374 件，同比增长 27.89 %。从技术领域小类来看，有效发明专利量前三位的技术领域分别是有机精细化学 283 件、土木工程 281 件、机器工具件 275 件，合计 839 件，占淮安市有效发明专利总量的 19.18%。从重点企

业专利权人来看，有效发明专利量前三位的企业分别是德淮半导体有限公司149 件、江苏天士力帝益药业有限公司 57 件、江苏时代全芯存储科技股份有限公司 42 件。

从先进制造业集群发明专利授权量来看，2021 年淮安市绿色食品产业集群发明专利授权量 16 件，位列江苏省第 10 位，其中，酿酒、食品机械领域发明专利授权量分别达到 3 件、13 件，分别位列江苏省第 3 位和第 11 位。从重点企业来看，瑞德智能科技（淮安）有限公司、江苏今世缘酒业股份有限公司 2021 年度绿色食品产业发明专利授权量分别为 2 件和 1 件。淮安市在发展绿色食品产业方面具有得天独厚的原料优势，涟水县的酿酒、清江浦区的红椒、洪泽区的大闸蟹、盱眙县的小龙虾和稻虾米及多品种食用菌都名扬天下。淮安市正在打造产地品牌优势显著的全国知名绿色食品产业集群，全力向千亿级中国食品名城目标迈进。

2021 年，淮安市知识产权运用指标指数为 0.5196，位居江苏省第 7 位，较 2020 年上升 1 位。知识产权运用–数量和知识产权运用–效果 2 项二级指标分别位居江苏省第 2 位和第 12 位，较 2020 年分别上升 4 位和下降 2 位。7 项三级指标中，专利实施许可合同备案涉及专利量指标位居江苏省第 2 位，较 2020 年上升 5 位；专利质押融资金额指标位居江苏省第 11 位，较 2020 年下降 3 位。

2021 年，淮安市知识产权保护指标为 0.4878，位居江苏省第 9 位，较 2020 年上升 2 位。知识产权保护–行政执法和知识产权保护–维权援助 2 项二级指标分别位居江苏省第 11 位和第 10 位，与 2020 年排名持平。5 项三级指标中，查处专利侵权纠纷和假冒专利案件量指标位居江苏省第 8 位，较 2020 年上升 3 位；维权援助中心举报投诉受理量指标位居江苏省第 9 位，较 2020 年下降 1 位。

2021 年，淮安市知识产权环境指标指数为 0.4433，位居江苏省第 11 位，较 2020 年上升 1 位。知识产权环境–管理、知识产权环境–服务和知识产权环境–人才 3 项二级指标分别位居江苏省第 11 位、第 5 位和第 13 位，其中，知识产权环境–服务指标排名较 2020 年上升 4 位，知识产权环境–人才指标排名较 2020 年下降 1 位。10 项三级指标中，商标申请代理率指标位居江苏省第 3 位，较 2020 年上升 5 位；知识产权贯标企业数量指标位居江苏省第 12 位，较 2020 年下降 4 位（表 5–8）。

表 5–8 淮安市知识产权实力分项指标指数

| 序号 | 指标 | 2021 年 | | 2020 年 | |
|---|---|---|---|---|---|
| | | 指数 | 排名 | 指数 | 排名 |
| | **知识产权实力指数** | 0.4236 | 11 | 0.3644 | 11 |
| | **知识产权创造** | 0.3336 | 12 | 0.3157 | 12 |
| | **数量** | 0.3655 | 12 | 0.3424 | 11 |
| 1 | 专利授权量 | 0.3075 | 12 | 0.2580 | 12 |
| 2 | 发明专利授权量 | 0.2081 | 11 | 0.1851 | 11 |
| 3 | PCT 国际专利申请量 | 0.1704 | 12 | 0.2143 | 12 |
| 4 | 商标注册量 | 0.3699 | 12 | 0.2711 | 12 |
| 5 | 地理标志商标数量 | 1.0000 | 1 | 1.0000 | 1 |
| 6 | 集成电路布图设计登记发证数量 | 0.2471 | 11 | 0.2113 | 9 |
| | **质量** | 0.3520 | 12 | 0.3477 | 12 |
| 7 | 发明专利授权量占比 | 0.4670 | 11 | 0.4994 | 11 |
| 8 | 发明专利授权率 | 0.6767 | 6 | 0.4819 | 11 |
| 9 | 高价值发明专利拥有量 | 0.1897 | 12 | 0.1759 | 12 |
| 10 | 专利获奖数量 | 0.0240 | 12 | 0.0000 | 13 |
| | **效率** | 0.3154 | 13 | 0.2924 | 13 |
| 11 | 每万人口发明专利拥有量 | 0.2404 | 12 | 0.1967 | 12 |
| 12 | 每百亿元 GDP 专利授权量 | 0.4259 | 12 | / | / |

| 序号 | 指标 | 2021 年 | | 2020 年 | |
|---|---|---|---|---|---|
| | | 指数 | 排名 | 指数 | 排名 |
| 13 | 每十亿元 GDP 发明专利拥有量 | 0.2260 | 12 | 0.2187 | 12 |
| 14 | 每百亿元 GDP 高维持年限发明专利拥有量 | 0.2134 | 12 | 0.1991 | 12 |
| 15 | 万企有效注册商标企业数 | 0.4344 | 12 | 0.4280 | 13 |
| 16 | 每万户企业注册商标拥有量 | 0.5782 | 9 | 0.5735 | 9 |
| | **知识产权运用** | **0.5196** | **7** | **0.4153** | **8** |
| | **数量** | 0.6911 | 2 | 0.5443 | 6 |
| 17 | 专利实施许可合同备案量 | 0.9880 | 2 | 0.6285 | 4 |
| 18 | 专利实施许可合同备案涉及专利量 | 0.8017 | 2 | 0.6000 | 7 |
| 19 | 知识产权质押项目数 | 0.3456 | 8 | 0.6028 | 6 |
| 20 | 知识产权技术合同成交数量 | 0.5354 | 8 | 0.2785 | 11 |
| | **效果** | 0.2337 | 12 | 0.2003 | 10 |
| 21 | 知识产权技术合同成交金额 | 0.1689 | 11 | 0.0289 | 12 |
| 22 | 专利质押融资金额 | 0.2420 | 11 | 0.1876 | 8 |
| 23 | 商标质押融资金额 | 0.3259 | 8 | 0.6000 | 7 |
| | **知识产权保护** | **0.4878** | **9** | **0.3399** | **11** |
| | **行政执法** | 0.4832 | 11 | 0.3638 | 11 |
| 24 | 查处专利侵权纠纷和假冒专利案件量 | 0.5935 | 8 | 0.3851 | 11 |
| 25 | 商标行政执法案件数量 | 0.3535 | 11 | 0.2593 | 13 |
| 26 | "正版正货"承诺企业数量 | 0.5083 | 9 | 0.4708 | 9 |
| | **维权援助** | 0.4954 | 10 | 0.3000 | 10 |
| 27 | 维权援助中心及分支机构数量 | 0.5500 | 8 | 0.5000 | 8 |
| 28 | 维权援助中心举报投诉受理量 | 0.4135 | 9 | 0.0000 | 8 |
| | **知识产权环境** | **0.4433** | **11** | **0.4354** | **12** |
| | **管理** | 0.3729 | 11 | 0.3863 | 11 |
| 29 | 知识产权专项经费投入 | 0.3238 | 10 | 0.4884 | 9 |
| 30 | 知识产权管理机构人员数 | 0.4364 | 11 | 0.4364 | 12 |

| 序号 | 指标 | 2021 年 | | 2020 年 | |
|---|---|---|---|---|---|
| | | 指数 | 排名 | 指数 | 排名 |
| 31 | 省级知识产权示范园区数 | 0.4500 | 10 | / | / |
| 32 | 知识产权贯标企业数量 | 0.2736 | 12 | 0.5364 | 8 |
| 33 | 知识产权战略推进计划项目数 | 0.3600 | 11 | 0.2800 | 11 |
| | 服务 | 0.7695 | 5 | 0.5445 | 9 |
| 34 | 专利申请代理率 | 0.5762 | 9 | 0.5500 | 10 |
| 35 | 商标申请代理率 | 08922 | 3 | 0.5766 | 8 |
| 36 | 知识产权服务机构数量 | 0.2972 | 13 | 0.3081 | 13 |
| | 人才 | 0.2292 | 13 | 0.4341 | 12 |
| 37 | 通过全国专利代理师资格考试人数 | 0.1875 | 12 | 0.3000 | 12 |
| 38 | 知识产权领军及骨干人才数量 | 0.2710 | 11 | 0.2710 | 11 |

## 九、盐城市知识产权实力分项指标分析

2021 年盐城市知识产权实力指数为 0.5297，位居江苏省第 8 位，排名较 2020 年上升 2 位。如图 5-9 所示，盐城市知识产权创造、知识产权运用、知识产权保护和知识产权环境 4 项一级指标发展不均衡，知识产权保护指标指数高于知识产权创造、知识产权运用和知识产权环境指标指数。

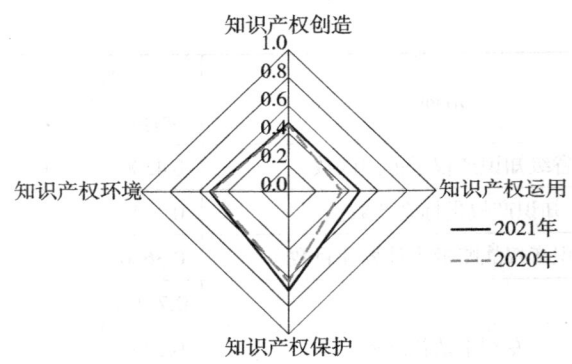

**图 5-9　2020—2021 年盐城市知识产权实力一级指标指数**

2021 年，盐城市知识产权创造指标指数为 0.4635，位居江苏省第 10 位。知识产权创造 – 数量、知识产权创造 – 质量和知识产权创造 – 效率 3 项二级指标分别位居江苏省第 7 位、第 9 位和第 10 位，其中知识产权创造 – 质量排名较 2020 年上升 1 位。16 项三级指标中，高价值发明专利拥有量占比指标位居江苏省第 8 位，较 2020 年上升 2 位；集成电路布图设计登记发证数量、发明专利授权量占比 2 项指标分别位居江苏省第 10 位和第 7 位，较 2020 年均下降 2 位。截至 2021 年年底，盐城市有效发明专利量 11 993 件，同比增长 15.73%。从技术领域小类来看，有效发明专利量前三位的技术领域分别是机器工具 1153 件，化学工程 876 件，电机、电气装置、电能 761 件，合计 2790 件，占盐城市有效发明专利总量的 23.26%。从重点企业专利权人来看，有效发明专利量前三位的企业分别是江苏金风科技有限公司 139 件、东台城东科技创业园管理有限公司 104 件、安道麦辉丰（江苏）有限公司 68 件。

从先进制造业集群发明专利授权量来看，2021 年盐城市新能源（智能网联）汽车产业集群发明专利授权量 73 件，位居江苏省第 8 位，其中，智能网联汽车领域发明专利授权量达到 56 件，位居江苏省第 8 位。从重点企业来看，华人运通（江苏）技术有限公司 2021 年度新能源（智能网联）汽车产业发明专利授权量为 11 件。2021 年盐城市实现规模以上工业总产值 5939 亿元，其中，汽车产业产值为 542 亿元。全市共有汽车及零部件企业 502 家，其中规模以上企业 184 家。其中，拥有东风悦达起亚汽车有限公司、华人运通（江苏）技术有限公司等整车生产企业 7 家，产品类别涵盖了乘用车、商用车和专用车等全系列产品。

2021 年，盐城市知识产权运用指标指数为 0.4858，位居江苏省第 8 位，较 2020 年上升 1 位。知识产权运用 – 数量和知识产权运用 – 效果 2 项二级指标均位居江苏省第 8 位，较 2020 年分别上升 2 位和下降 2 位。7 项三级指标中，专利实施许可合同备案量、专利实施许可合同备案涉及专利量、知识产权质押项目数 3 项指标分别位居江苏省第 9 位、第 9 位和第 5 位，较 2020 年分别上升 3 位、4 位和 3 位；商标质押融资金额指标位居江苏省第 11 位，较 2020 年下降 3 位。

2021 年，盐城市知识产权保护指标指数为 0.7054，位居江苏省第 2 位，较 2020 年上升 4 位。知识产权保护 – 行政执法和知识产权保护 – 维权援助 2 项二级指标分别位居江苏省第 4 位和第 2 位，较 2020 年分别上升 5 位和 1 位。5 项三级指标中，查处专利侵权纠纷和假冒专利案件量、商标行政执法案件数量 2 项指标分别位居江苏省第 7 位和第 2 位，较 2020 年分别上升 3 位和 1 位；其余 3 项指标排名持平。

2021 年，盐城市知识产权环境指标指数为 0.5304，位居江苏省第 10 位。知识产权环境 – 管理、知识产权环境 – 服务和知识产权环境 – 人才 3 项二级指标分别位居江苏省第 7 位、第 10 位和第 10 位，排名较 2020 年分别上升 2 位、下降 4 位、上升 3 位。10 项三级指标中，知识产权管理机构人员数指标位居江苏省第 6 位，较 2020 年上升 3 位；专利申请代理率、商标申请代理率 2 项指标分别位居江苏省第 7 位和第 9 位，较 2020 年均下降 3 位（表 5–9）。

表 5-9 盐城市知识产权实力分项指标指数

| 序号 | 指标 | 2021 年 | | 2020 年 | |
|---|---|---|---|---|---|
| | | 指数 | 排名 | 指数 | 排名 |
| | **知识产权实力指数** | **0.5297** | **8** | **0.4868** | **10** |
| | **知识产权创造** | **0.4635** | **10** | **0.4571** | **10** |
| | **数量** | 0.5128 | 7 | 0.4604 | 7 |
| 1 | 专利授权量 | 0.5673 | 8 | 0.4721 | 8 |
| 2 | 发明专利授权量 | 0.4934 | 8 | 0.4292 | 8 |
| 3 | PCT 国际专利申请量 | 0.3333 | 10 | 0.4561 | 9 |
| 4 | 商标注册量 | 0.5030 | 9 | 0.4243 | 9 |
| 5 | 地理标志商标数量 | 0.7514 | 2 | 0.7357 | 2 |
| 6 | 集成电路布图设计登记发证数量 | 0.4059 | 10 | 0.2366 | 8 |
| | **质量** | 0.4736 | 9 | 0.4880 | 10 |
| 7 | 发明专利授权量占比 | 0.6000 | 7 | 0.6127 | 5 |
| 8 | 发明专利授权率 | 0.5954 | 8 | 0.5456 | 9 |
| 9 | 高价值发明专利拥有量 | 0.4211 | 8 | 0.4325 | 10 |
| 10 | 专利获奖数量 | 0.1320 | 10 | 0.2000 | 10 |
| | **效率** | 0.4443 | 10 | 0.4410 | 10 |
| 11 | 每万人口发明专利拥有量 | 0.4480 | 10 | 0.4079 | 10 |
| 12 | 每百亿元 GDP 专利授权量 | 0.5403 | 10 | / | / |
| 13 | 每十亿元 GDP 发明专利拥有量 | 0.4260 | 8 | 0.4480 | 9 |
| 14 | 每百亿元 GDP 高维持年限发明专利拥有量 | 0.3936 | 9 | 0.3630 | 9 |
| 15 | 万企有效注册商标企业数 | 0.4118 | 13 | 0.4356 | 12 |
| 16 | 每万户企业注册商标拥有量 | 0.5218 | 11 | 0.5362 | 11 |
| | **知识产权运用** | **0.4858** | **8** | **0.3647** | **9** |
| | **数量** | 0.5033 | 8 | 0.2950 | 10 |
| 17 | 专利实施许可合同备案量 | 0.5571 | 9 | 0.2000 | 12 |
| 18 | 专利实施许可合同备案涉及专利量 | 0.3873 | 9 | 0.0439 | 13 |
| 19 | 知识产权质押项目数 | 0.6377 | 5 | 0.5489 | 8 |

续表

| 序号 | 指标 | 2021 年 | | 2020 年 | |
|---|---|---|---|---|---|
| | | 指数 | 排名 | 指数 | 排名 |
| 20 | 知识产权技术合同成交数量 | 0.4293 | 10 | 0.4750 | 8 |
| | 效果 | 0.4565 | 8 | 0.4808 | 6 |
| 21 | 知识产权技术合同成交金额 | 0.2414 | 9 | 0.2772 | 10 |
| 22 | 专利质押融资金额 | 0.6466 | 6 | 0.6606 | 4 |
| 23 | 商标质押融资金额 | 0.0316 | 11 | 0.0785 | 8 |
| | 知识产权保护 | 0.7054 | 2 | 0.6406 | 6 |
| | 行政执法 | 0.6726 | 4 | 0.5690 | 9 |
| 24 | 查处专利侵权纠纷和假冒专利案件量 | 0.6000 | 7 | 0.4941 | 10 |
| 25 | 商标行政执法案件数量 | 0.9354 | 2 | 0.8239 | 3 |
| 26 | "正版正货"承诺企业数量 | 0.4280 | 11 | 0.3375 | 11 |
| | 维权援助 | 0.7600 | 2 | 0.7600 | 3 |
| 27 | 维权援助中心及分支机构数量 | 0.6000 | 5 | 0.6000 | 5 |
| 28 | 维权援助中心举报投诉受理量 | 1.0000 | 1 | 1.0000 | 1 |
| | 知识产权环境 | 0.5304 | 10 | 0.5146 | 10 |
| | 管理 | 0.5913 | 7 | 0.4741 | 9 |
| 29 | 知识产权专项经费投入 | 0.6363 | 5 | 0.7070 | 3 |
| 30 | 知识产权管理机构人员数 | 0.6000 | 6 | 0.5455 | 9 |
| 31 | 省级知识产权示范园区数 | 0.7455 | 4 | / | / |
| 32 | 知识产权贯标企业数量 | 0.6000 | 7 | 0.6211 | 6 |
| 33 | 知识产权战略推进计划项目数 | 0.5100 | 9 | 0.3840 | 9 |
| | 服务 | 0.5393 | 10 | 0.6893 | 6 |
| 34 | 专利申请代理率 | 0.6000 | 7 | 0.7704 | 4 |
| 35 | 商标申请代理率 | 0.5325 | 9 | 0.7021 | 6 |
| 36 | 知识产权服务机构数量 | 0.4654 | 9 | 0.4378 | 10 |
| | 人才 | 0.3520 | 10 | 0.4078 | 13 |
| 37 | 通过全国专利代理师资格考试人数 | 0.3750 | 9 | 0.4875 | 9 |

续表

| 序号 | 指标 | 2021 年 | | 2020 年 | |
| --- | --- | --- | --- | --- | --- |
| | | 指数 | 排名 | 指数 | 排名 |
| 38 | 知识产权领军及骨干人才数量 | 0.3290 | 10 | 0.3290 | 10 |

## 十、扬州市知识产权实力分项指标分析

2021 年扬州市知识产权实力指数为 0.4881，位居江苏省第 9 位。如图 5-10 所示，扬州市知识产权创造、知识产权运用、知识产权保护和知识产权环境 4 项一级指标发展较为均衡。

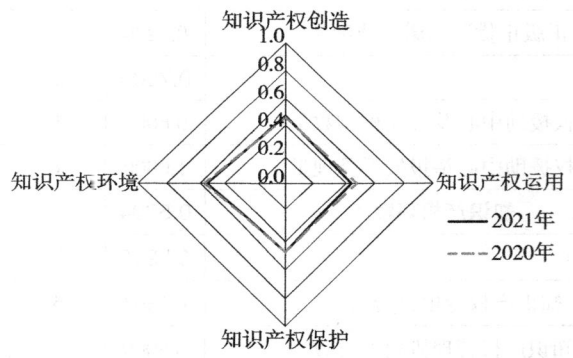

**图 5-10  2020—2021 年扬州市知识产权实力一级指标指数**

2021 年，扬州市知识产权创造指标指数为 0.4637，位居江苏省第 9 位。知识产权创造－数量、知识产权创造－质量和知识产权创造－效率 3 项二级指标分别位居江苏省第 8 位、第 10 位和第 9 位，其中，知识产权创造－数量和知识产权创造－质量 2 项指标排名较 2020 年均上升 1 位。16 项三级指标中，集成电路布图设计登记发证数量、发明专利授权量占比 2 项指标分别位居江苏省第 8 位和第 10 位，较 2020 年分别上升 3 位和 2 位；高价值发明专

利拥有量指标位居江苏省第 10 位，较 2020 年下降 1 位。截至 2021 年年底，扬州市有效发明专利量 10 033 件，同比增长 18.90 %。从技术领域小类来看，有效发明专利量前三位的技术领域分别是电机、电气装置、电能 1205 件，机器工具 932 件，土木工程 729 件，合计 2866 件，占扬州市有效发明专利总量的 28.57%。从重点企业专利权人来看，有效发明专利量前三位的企业分别是江苏扬农化工集团有限公司 102 件、扬州乾照光电有限公司 100 件、中国核工业华兴建设有限公司 100 件。

从先进制造业集群发明专利授权量来看，2021 年扬州市新型电力和新能源装备产业集群发明专利授权量 61 件，位居江苏省第 9 位，其中，智能电网领域发明专利授权量达到 56 件，位列江苏省第 9 位。从重点企业来看，晶澳（扬州）太阳能科技有限公司、扬州乾照光电有限公司 2021 年度新型电力和新能源装备产业发明专利授权量分别为 9 件和 6 件。新型电力装备（新能源）产业是扬州的传统优势产业，涵盖电线电缆、智能变配电、高电压实验装备、新能源等领域，2021 年实现开票销售超千亿元，现有规模以上企业 385 家。高邮特种电缆产业基地为国家火炬计划特色产业基地，扬州智能电网产业基地和宝应输变电装备产业基地为省新型工业化产业示范基地，江都武坚镇获批省智能高压电气小镇，生态科技新城国网智慧能源双创科技园为国家电网在全国首个双创科技园。

2021 年，扬州市知识产权运用指标指数为 0.4495，位居江苏省第 9 位，较 2020 年下降 2 位。知识产权运用 - 数量和知识产权运用 - 效果 2 项二级指标分别位居江苏省第 9 位和第 6 位，较 2020 年分别下降 5 位和上升 2 位。7 项三级指标中，专利质押融资金额指标位居江苏省第 7 位，较 2020 年上升 6 位；专利实施许可合同备案量、专利实施许可合同备案涉及专利量、商标质押融资金额 3 项指标分别位居江苏省第 8 位、第 10 位和第 12 位，较 2020 年分别下降 6 位、6 位、8 位。

2021 年，扬州市知识产权保护指标为 0.4816，位居江苏省第 11 位，较 2020 年下降 2 位。知识产权保护 – 行政执法和知识产权保护 – 维权援助 2 项二级指标分别位居江苏省第 9 位和第 12 位，排名较 2020 年分别下降 1 位和 4 位。5 项三级指标中，查处专利侵权纠纷和假冒专利案件量指标位居江苏省第 4 位，较 2020 年上升 4 位；商标行政执法案件数量、维权援助中心举报投诉受理量 2 项指标分别位居江苏省第 12 位和第 11 位，较 2020 年均下降 3 位。

2021 年，扬州市知识产权环境指标指数为 0.5821，位居江苏省第 6 位，较 2020 年上升 3 位。知识产权环境 – 管理、知识产权环境 – 服务和知识产权环境 – 人才 3 项二级指标分别位居江苏省第 9 位、第 4 位和第 8 位，较 2020 年分别上升 1 位、上升 1 位、下降 3 位。10 项三级指标中，专利申请代理率指标位居江苏省第 4 位，较 2020 年上升 3 位；知识产权专项经费投入、知识产权管理机构人员数、商标申请代理率 3 项指标分别位居江苏省第 12 位、第 6 位、第 5 位，较 2020 年均下降 1 位（表 5–10）。

表 5–10  扬州市知识产权实力分项指标指数

| 序号 | 指标 | 2021 年 | | 2020 年 | |
|---|---|---|---|---|---|
| | | 指数 | 排名 | 指数 | 排名 |
| | **知识产权实力指数** | 0.4881 | 9 | 0.4925 | 9 |
| | **知识产权创造** | 0.4637 | 9 | 0.4653 | 9 |
| | **数量** | 0.4986 | 8 | 0.4320 | 9 |
| 1 | 专利授权量 | 0.6000 | 7 | 0.6040 | 6 |
| 2 | 发明专利授权量 | 0.4162 | 9 | 0.3945 | 9 |
| 3 | PCT 国际专利申请量 | 0.2926 | 11 | 0.3214 | 11 |
| 4 | 商标注册量 | 0.4390 | 10 | 0.3510 | 10 |

续表

| 序号 | 指标 | 2021年 | | 2020年 | |
|---|---|---|---|---|---|
| | | 指数 | 排名 | 指数 | 排名 |
| 5 | 地理标志商标数量 | 0.6577 | 3 | 0.6357 | 4 |
| 6 | 集成电路布图设计登记发证数量 | 0.5471 | 8 | 0.1775 | 11 |
| | **质量** | **0.4020** | **10** | **0.4138** | **11** |
| 7 | 发明专利授权量占比 | 0.4786 | 10 | 0.4398 | 12 |
| 8 | 发明专利授权率 | 0.5292 | 10 | 0.5236 | 10 |
| 9 | 高价值发明专利拥有量 | 0.4171 | 10 | 0.4367 | 9 |
| 10 | 专利获奖数量 | 0.0960 | 11 | 0.0667 | 12 |
| | **效率** | **0.4837** | **9** | **0.5002** | **9** |
| 11 | 每万人口发明专利拥有量 | 0.5515 | 9 | 0.5265 | 9 |
| 12 | 每百亿元 GDP 专利授权量 | 0.5647 | 8 | / | / |
| 13 | 每十亿元 GDP 发明专利拥有量 | 0.3522 | 10 | 0.3591 | 10 |
| 14 | 每百亿元 GDP 高维持年限发明专利拥有量 | 0.3649 | 10 | 0.3524 | 10 |
| 15 | 万企有效注册商标企业数 | 0.5672 | 8 | 0.6383 | 6 |
| 16 | 每万户企业注册商标拥有量 | 0.5524 | 10 | 0.5881 | 8 |
| | **知识产权运用** | **0.4495** | **9** | **0.4840** | **7** |
| | **数量** | **0.4071** | **9** | **0.6140** | **4** |
| 17 | 专利实施许可合同备案量 | 0.5714 | 8 | 0.7477 | 2 |
| 18 | 专利实施许可合同备案涉及专利量 | 0.1473 | 11 | 0.6074 | 5 |
| 19 | 知识产权质押项目数 | 0.3342 | 9 | 0.4723 | 9 |
| 20 | 知识产权技术合同成交数量 | 0.6285 | 5 | 0.6060 | 5 |
| | **效果** | **0.5200** | **6** | **0.2674** | **8** |
| 21 | 知识产权技术合同成交金额 | 0.6000 | 7 | 0.6000 | 7 |
| 22 | 专利质押融资金额 | 0.6000 | 7 | 0.0323 | 13 |
| 23 | 商标质押融资金额 | 0.0000 | 12 | 0.6598 | 4 |
| | **知识产权保护** | **0.4816** | **11** | **0.4912** | **9** |
| | **行政执法** | **0.5234** | **9** | **0.5700** | **8** |

| 序号 | 指标 | 2021 年 | | 2020 年 | |
|---|---|---|---|---|---|
| | | 指数 | 排名 | 指数 | 排名 |
| 24 | 查处专利侵权纠纷和假冒专利案件量 | 0.6177 | 4 | 0.5606 | 8 |
| 25 | 商标行政执法案件数量 | 0.3211 | 12 | 0.5259 | 9 |
| 26 | "正版正货"承诺企业数量 | 0.6622 | 6 | 0.6387 | 6 |
| | 维权援助 | 0.4119 | 12 | 0.3600 | 8 |
| 27 | 维权援助中心及分支机构数量 | 0.6000 | 5 | 0.6000 | 5 |
| 28 | 维权援助中心举报投诉受理量 | 0.1297 | 11 | 0.0000 | 8 |
| | 知识产权环境 | 0.5821 | 6 | 0.5564 | 9 |
| | 管理 | 0.5411 | 9 | 0.4377 | 10 |
| 29 | 知识产权专项经费投入 | 0.3196 | 12 | 0.4201 | 11 |
| 30 | 知识产权管理机构人员数 | 0.6000 | 6 | 0.6727 | 5 |
| 31 | 省级知识产权示范园区数 | 0.4500 | 10 | / | / |
| 32 | 知识产权贯标企业数量 | 0.5637 | 8 | 0.4398 | 12 |
| 33 | 知识产权战略推进计划项目数 | 0.5700 | 8 | 0.4400 | 8 |
| | 服务 | 0.7972 | 4 | 0.7376 | 5 |
| 34 | 专利申请代理率 | 0.6625 | 4 | 0.6000 | 7 |
| 35 | 商标申请代理率 | 0.8638 | 5 | 0.7965 | 4 |
| 36 | 知识产权服务机构数量 | 0.6000 | 7 | 0.6000 | 7 |
| | 人才 | 0.4258 | 8 | 0.6565 | 5 |
| 37 | 通过全国专利代理师资格考试人数 | 0.6000 | 7 | 0.6000 | 7 |
| 38 | 知识产权领军及骨干人才数量 | 0.2516 | 12 | 0.2516 | 12 |

## 十一、镇江市知识产权实力分项指标分析

2021 年镇江市知识产权实力指数为 0.5541，位居江苏省第 7 位，排名较 2020 年下降 1 位。如图 5-11 所示，镇江市知识产权创造、知识产权运用、

知识产权保护和知识产权环境4项一级指标发展不均衡，知识产权创造、知识产权保护和知识产权环境指标指数高于知识产权运用指标指数。

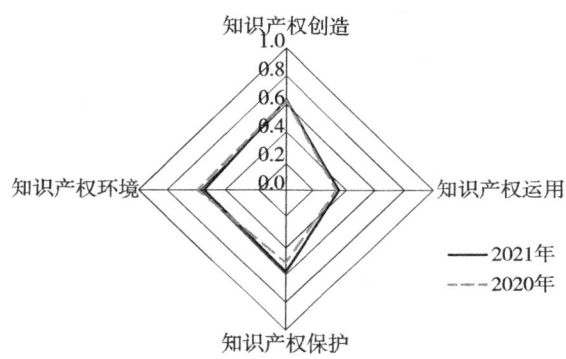

**图 5-11  2020—2021 年镇江市知识产权实力一级指标指数**

2021 年，镇江市知识产权创造指标指数为 0.6322，位居江苏省第 6 位。知识产权创造 – 数量、知识产权创造 – 质量和知识产权创造 – 效率 3 项二级指标分别位居江苏省第 9 位、第 4 位和第 6 位，其中，知识产权创造 – 数量和知识产权创造 – 质量 2 项指标排名较 2020 年下降 1 位。16 项三级指标中，PCT 国际专利申请量指标位居江苏省第 5 位，较 2020 年上升 2 位；地理标志商标数量指标位居江苏省第 12 位，较 2020 年下降 2 位。截至 2021 年年底，镇江市有效发明专利量 15 561 件，同比增长 16.49 %。从技术领域小类来看，有效发明专利量前三位的技术领域分别是电机、电气装置、电能 1826 件，机器工具 1231 件，其他特殊机械 1146 件，合计 4203 件，占镇江市有效发明专利总量的 27.01%。从重点企业专利权人来看，有效发明专利量前三位的企业分别是江阴智产汇知识产权运营有限公司 275 件、江苏和成显示科技有限公司 190 件、金东纸业（江苏）股份有限公司 166 件。

从先进制造业集群发明专利授权量来看，2021 年镇江市高技术船舶和海洋工程装备产业集群发明专利授权量 63 件，位居江苏省首位，其中，高技术船舶领域发明专利授权量达到 40 件，位居江苏省第 3 位。从重点企业来看，中船动力有限公司、镇江市亿华系统集成有限公司 2021 年度高技术船舶和海洋工程装备产业发明专利授权量均为 2 件。镇江拥有较好的高技术船舶与海洋工程装备产业基础，拥有中船动力镇江有限公司、镇江赛尔尼柯自动化股份有限公司、镇江康士伯船舶电气有限公司、镇江同舟螺旋桨有限公司等重点配套企业；船海科教资源江苏省领先，拥有江苏科技大学、江苏科技大学海洋装备研究院等科研院所，拥有江苏省船舶设计研究所有限公司、江苏现代造船技术有限公司两家船舶设计甲级资质单位。

2021 年，镇江市知识产权运用指标指数为 0.3658，位居江苏省第 10 位。知识产权运用 – 数量和知识产权运用 – 效果 2 项二级指标分别位居江苏省第 10 位和第 11 位，较 2020 年分别下降 3 位、上升 2 位。7 项三级指标中，专利质押融资金额指标位居江苏省第 9 位，较 2020 年上升 2 位；专利实施许可合同备案量、专利实施许可合同备案涉及专利量 2 项指标分别位居江苏省第 10 位和第 8 位，较 2020 年均下降 6 位。

2021 年，镇江市知识产权保护指标指数为 0.5581，位居江苏省第 5 位，较 2020 年上升 3 位。知识产权保护 – 行政执法和知识产权保护 – 维权援助 2 项二级指标分别位居江苏省第 8 位和第 4 位，排名较 2020 年分别下降 1 位、上升 4 位。5 项三级指标中，维权援助中心举报投诉受理量、商标行政执法案件数量 2 项指标分别位居江苏省第 3 位、第 6 位，较 2020 年分别上升 5 位和 4 位；查处专利侵权纠纷和假冒专利案件量指标位居江苏省第 9 位，较 2020 年下降 7 位。

2021 年，镇江市知识产权环境指标指数为 0.5523，位居江苏省第 9 位，较 2020 年下降 3 位。知识产权环境 – 管理、知识产权环境 – 服务和知识产

权环境 – 人才 3 项二级指标分别位居江苏省第 8 位、第 8 位和第 7 位，其中，知识产权环境 – 服务指标排名较 2020 年下降 4 位。10 项三级指标中，知识产权专项经费投入、知识产权管理机构人员数 2 项指标分别位居江苏省第 11 位、第 9 位，较 2020 年均上升 1 位；专利申请代理率、商标申请代理率、通过全国专利代理师资格考试人数 3 项指标分别位居江苏省第 13 位、第 6 位和第 11 位，较 2020 年分别下降 7 位、3 位和 2 位（表 5–11）。

表 5–11　镇江市知识产权实力分项指标指数

| 序号 | 指标 | 2021 年 | | 2020 年 | |
|---|---|---|---|---|---|
| | | 指数 | 排名 | 指数 | 排名 |
| | 知识产权实力指数 | 0.5541 | 7 | 0.5478 | 6 |
| | 知识产权创造 | 0.6322 | 6 | 0.6295 | 6 |
| | 数量 | 0.4700 | 9 | 0.4483 | 8 |
| 1 | 专利授权量 | 0.4705 | 10 | 0.4344 | 10 |
| 2 | 发明专利授权量 | 0.6000 | 7 | 0.6000 | 7 |
| 3 | PCT 国际专利申请量 | 0.6154 | 5 | 0.6000 | 7 |
| 4 | 商标注册量 | 0.2738 | 13 | 0.2393 | 13 |
| 5 | 地理标志商标数量 | 0.4500 | 12 | 0.4400 | 10 |
| 6 | 集成电路布图设计登记发证数量 | 0.2471 | 11 | 0.2028 | 10 |
| | 质量 | 0.7032 | 4 | 0.6971 | 3 |
| 7 | 发明专利授权量占比 | 0.7048 | 3 | 0.7389 | 3 |
| 8 | 发明专利授权率 | 1.0000 | 1 | 0.9035 | 2 |
| 9 | 高价值发明专利拥有量 | 0.6044 | 6 | 0.6034 | 6 |
| 10 | 专利获奖数量 | 0.6000 | 7 | 0.6000 | 7 |
| | 效率 | 0.6444 | 6 | 0.6488 | 6 |
| 11 | 每万人口发明专利拥有量 | 0.7372 | 4 | 0.7332 | 4 |
| 12 | 每百亿元 GDP 专利授权量 | 0.6194 | 6 | / | / |
| 13 | 每十亿元 GDP 发明专利拥有量 | 0.6990 | 3 | 0.7378 | 3 |

续表

| 序号 | 指标 | 2021 年 | | 2020 年 | |
|:---:|:---:|:---:|:---:|:---:|:---:|
| | | 指数 | 排名 | 指数 | 排名 |
| 14 | 每百亿元 GDP 高维持年限发明专利拥有量 | 0.6968 | 6 | 0.6269 | 6 |
| 15 | 万企有效注册商标企业数 | 0.4948 | 11 | 0.5320 | 11 |
| 16 | 每万户企业注册商标拥有量 | 0.4852 | 12 | 0.5113 | 12 |
| | **知识产权运用** | 0.3658 | 10 | 0.3579 | 10 |
| | **数量** | 0.3964 | 10 | 0.5381 | 7 |
| 17 | 专利实施许可合同备案量 | 0.3571 | 10 | 0.6285 | 4 |
| 18 | 专利实施许可合同备案涉及专利量 | 0.5591 | 8 | 0.6472 | 2 |
| 19 | 知识产权质押项目数 | 0.2392 | 12 | 0.4596 | 10 |
| 20 | 知识产权技术合同成交数量 | 0.4122 | 11 | 0.3528 | 9 |
| | **效果** | 0.3149 | 11 | 0.0577 | 13 |
| 21 | 知识产权技术合同成交金额 | 0.1495 | 12 | 0.0066 | 13 |
| 22 | 专利质押融资金额 | 0.4583 | 9 | 0.0932 | 11 |
| 23 | 商标质押融资金额 | 0.0000 | 12 | 0.0000 | 10 |
| | **知识产权保护** | 0.5881 | 5 | 0.5235 | 8 |
| | **行政执法** | 0.5583 | 8 | 0.6215 | 7 |
| 24 | 查处专利侵权纠纷和假冒专利案件量 | 0.4659 | 9 | 0.7561 | 2 |
| 25 | 商标行政执法案件数量 | 0.6182 | 6 | 0.5037 | 10 |
| 26 | "正版正货"承诺企业数量 | 0.6000 | 7 | 0.6000 | 7 |
| | **维权援助** | 0.6378 | 4 | 0.3600 | 8 |
| 27 | 维权援助中心及分支机构数量 | 0.6000 | 5 | 0.6000 | 5 |
| 28 | 维权援助中心举报投诉受理量 | 0.6944 | 3 | 0.0000 | 8 |
| | **知识产权环境** | 0.5523 | 9 | 0.5986 | 6 |
| | **管理** | 0.5779 | 8 | 0.5300 | 8 |
| 29 | 知识产权专项经费投入 | 0.3229 | 11 | 0.3920 | 12 |
| 30 | 知识产权管理机构人员数 | 0.4909 | 9 | 0.4909 | 10 |
| 31 | 省级知识产权示范园区数 | 0.6364 | 6 | / | / |

续表

| 序号 | 指标 | 2021 年 | | 2020 年 | |
|---|---|---|---|---|---|
| | | 指数 | 排名 | 指数 | 排名 |
| 32 | 知识产权贯标企业数量 | 0.3709 | 11 | 0.4602 | 10 |
| 33 | 知识产权战略推进计划项目数 | 0.7109 | 5 | 0.6514 | 5 |
| | **服务** | **0.5934** | **8** | **0.7566** | **4** |
| 34 | 专利申请代理率 | 0.4867 | 13 | 0.7218 | 6 |
| 35 | 商标申请代理率 | 0.6470 | 6 | 0.8167 | 3 |
| 36 | 知识产权服务机构数量 | 0.4318 | 11 | 0.4054 | 12 |
| | **人才** | **0.4304** | **7** | **0.5898** | **7** |
| 37 | 通过全国专利代理师资格考试人数 | 0.2250 | 11 | 0.4875 | 9 |
| 38 | 知识产权领军及骨干人才数量 | 0.6358 | 4 | 0.6358 | 4 |

## 十二、泰州市知识产权实力分项指标分析

2021 年泰州市知识产权实力指数为 0.4682，位居江苏省第 10 位，较 2020 年下降 2 位。如图 5-12 所示，泰州市知识产权创造、知识产权运用、知识产权保护和知识产权环境 4 项一级指标发展不均衡，知识产权创造、知识产权保护和知识产权环境 3 项指标指数要高于知识产权运用指标指数。

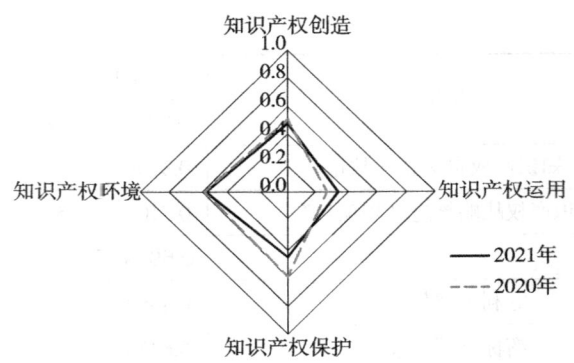

**图 5-12　2020—2021 年泰州市知识产权实力一级指标指数**

2021 年,泰州市知识产权创造指标指数为 0.4813,位居江苏省第 8 位。知识产权创造 – 数量、知识产权创造 – 质量和知识产权创造 – 效率 3 项二级指标分别位居江苏省第 10 位、第 11 位和第 8 位,其中,知识产权创造 – 质量和知识产权创造 – 效率 2 项指标较 2020 年分别下降 2 位和 1 位。16 项三级指标中,集成电路布图设计登记发证数量指标位居江苏省第 9 位,较 2020 年上升 3 位;发明专利授权量占比指标位居江苏省第 12 位,较 2020 年下降 3 位。截至 2021 年年底,泰州市有效发明专利量 10 811 件,同比增长 9.65 %。从技术领域小类来看,有效发明专利量前三位的技术领域分别是机器工具 1219 件,电机、电气装置、电能 798 件,土木工程 678 件,合计 2695 件,占泰州市有效发明专利总量的 24.93%。从重点企业专利权人来看,有效发明专利量前三位的企业分别是泰州市海通资产管理有限公司 232 件、泰州乐金电子冷机有限公司 110 件、南通北外滩建设工程有限公司 103 件。

从先进制造业集群发明专利授权量来看,2021 年泰州市生物医药产业集群发明专利授权量 66 件,位居江苏省第 10 位,其中,化学药发明专利授权量达到 33 件,位列江苏省第 9 位。从重点企业来看,济川药业集团有限公司、扬子江药业集团有限公司 2021 年度生物医药产业发明专利授权量分别为 5 件和 4 件。泰州的医药产业在全国地级市层面具有较强的实力和竞争力，泰州中国医药城是目前国内唯一的国家级医药高新区。拥有居全国制药企业之首的扬子江药业集团有限公司，与帝斯曼江山制药（江苏）有限公司、苏中药业集团股份有限公司、济川药业集团有限公司、江苏小林制药有限公司等全国医药百强企业，夯实了泰州医药产业的雄厚基础。

2021 年，泰州市知识产权运用指标指数为 0.3473，位居江苏省第 11 位。知识产权运用－数量和知识产权运用－效果 2 项二级指标分别位居江苏省第 11 位和第 10 位，排名较 2020 年分别上升 1 位、下降 1 位。7 项三级指标中，知识产权技术合同成交数量指标位居江苏省第 7 位，较 2020 年上升 5 位；专利实施许可合同备案量指标位居江苏省第 12 位，较 2020 年下降 3 位。

2021 年，泰州市知识产权保护指标指数为 0.4674，位居江苏省第 12 位，较 2020 年下降 5 位。知识产权保护－行政执法和知识产权保护－维权援助 2 项二级指标分别位居江苏省第 12 位和第 6 位，其中知识产权保护－行政执法指标排名较 2020 年下降 6 位。5 项三级指标中，排名较 2020 年度均有所下降，其中查处专利侵权纠纷和假冒专利案件量指标下降 6 位，其余 4 项指标降幅在 1~2 个位次。

2021 年，泰州市知识产权环境指标指数为 0.5637，位居江苏省第 7 位。知识产权环境－管理、知识产权环境－服务和知识产权环境－人才 3 项二级指标分别位居江苏省第 6 位、第 11 位和第 9 位，其中，知识产权环境－服务和知识产权环境－人才较 2020 年分别下降 1 位、上升 1 位。10 项三级指标中，知识产权贯标企业数量指标位居江苏省第 6 位，较 2020 年上升 3 位；通过全国专利代理师资格考试人数指标位居江苏省第 8 位，较 2020 年下降 1 位（表 5-12）。

表 5-12 泰州市知识产权实力分项指标指数

| 序号 | 指标 | 2021 年 | | 2020 年 | |
|---|---|---|---|---|---|
| | | 指数 | 排名 | 指数 | 排名 |
| | **知识产权实力指数** | 0.4682 | 10 | 0.4946 | 8 |
| | **知识产权创造** | 0.4813 | 8 | 0.5125 | 8 |
| | **数量** | 0.4517 | 10 | 0.4012 | 10 |
| 1 | 专利授权量 | 0.5246 | 9 | 0.4443 | 9 |
| 2 | 发明专利授权量 | 0.3286 | 10 | 0.3741 | 10 |
| 3 | PCT 国际专利申请量 | 0.4296 | 9 | 0.5510 | 8 |
| 4 | 商标注册量 | 0.4065 | 11 | 0.3395 | 11 |
| 5 | 地理标志商标数量 | 0.6000 | 6 | 0.6000 | 6 |
| 6 | 集成电路布图设计登记发证数量 | 0.4235 | 9 | 0.0592 | 12 |
| | **质量** | 0.3921 | 11 | 0.4881 | 9 |
| 7 | 发明专利授权量占比 | 0.4322 | 12 | 0.5863 | 9 |
| 8 | 发明专利授权率 | 0.4969 | 12 | 0.4586 | 12 |
| 9 | 高价值发明专利拥有量 | 0.4185 | 9 | 0.4411 | 8 |
| 10 | 专利获奖数量 | 0.1800 | 9 | 0.2667 | 9 |
| | **效率** | 0.5335 | 8 | 0.5566 | 7 |
| 11 | 每万人口发明专利拥有量 | 0.6000 | 7 | 0.6000 | 7 |
| 12 | 每百亿元 GDP 专利授权量 | 0.5487 | 9 | / | / |
| 13 | 每十亿元 GDP 发明专利拥有量 | 0.4218 | 9 | 0.4748 | 8 |
| 14 | 每百亿元 GDP 高维持年限发明专利拥有量 | 0.6000 | 7 | 0.6000 | 7 |
| 15 | 万企有效注册商标企业数 | 0.5142 | 10 | 0.5477 | 10 |
| 16 | 每万户企业注册商标拥有量 | 0.4718 | 13 | 0.4765 | 13 |
| | **知识产权运用** | 0.3473 | 11 | 0.2674 | 11 |
| | **数量** | 0.3270 | 11 | 0.2847 | 12 |
| 17 | 专利实施许可合同备案量 | 0.2143 | 12 | 0.4667 | 9 |
| 18 | 专利实施许可合同备案涉及专利量 | 0.2645 | 10 | 0.1024 | 12 |
| 19 | 知识产权质押项目数 | 0.3038 | 10 | 0.3957 | 12 |

续表

| 序号 | 指标 | 2021 年 | | 2020 年 | |
|---|---|---|---|---|---|
| | | 指数 | 排名 | 指数 | 排名 |
| 20 | 知识产权技术合同成交数量 | 0.6000 | 7 | 0.1521 | 12 |
| | 效果 | 0.3811 | 10 | 0.2384 | 9 |
| 21 | 知识产权技术合同成交金额 | 0.6214 | 6 | 0.6061 | 6 |
| 22 | 专利质押融资金额 | 0.3371 | 10 | 0.1279 | 9 |
| 23 | 商标质押融资金额 | 0.0982 | 9 | 0.0000 | 10 |
| | 知识产权保护 | 0.4674 | 12 | 0.6139 | 7 |
| | 行政执法 | 0.4073 | 12 | 0.6382 | 6 |
| 24 | 查处专利侵权纠纷和假冒专利案件量 | 0.0948 | 13 | 0.6000 | 7 |
| 25 | 商标行政执法案件数量 | 0.4832 | 9 | 0.6000 | 7 |
| 26 | "正版正货"承诺企业数量 | 0.7116 | 5 | 0.7364 | 4 |
| | 维权援助 | 0.5674 | 6 | 0.5734 | 6 |
| 27 | 维权援助中心及分支机构数量 | 0.5000 | 10 | 0.4500 | 9 |
| 28 | 维权援助中心举报投诉受理量 | 0.6686 | 5 | 0.7586 | 4 |
| | 知识产权环境 | 0.5637 | 7 | 0.5670 | 7 |
| | 管理 | 0.6395 | 6 | 0.6085 | 6 |
| 29 | 知识产权专项经费投入 | 0.6217 | 6 | 0.5819 | 8 |
| 30 | 知识产权管理机构人员数 | 0.7846 | 3 | 0.6727 | 5 |
| 31 | 省级知识产权示范园区数 | 0.5250 | 8 | / | / |
| 32 | 知识产权贯标企业数量 | 0.7024 | 6 | 0.5212 | 9 |
| 33 | 知识产权战略推进计划项目数 | 0.6000 | 7 | 0.6000 | 7 |
| | 服务 | 0.5135 | 11 | 0.5252 | 10 |
| 34 | 专利申请代理率 | 0.5046 | 12 | 0.4888 | 13 |
| 35 | 商标申请代理率 | 0.5166 | 10 | 0.5272 | 10 |
| 36 | 知识产权服务机构数量 | 0.5103 | 8 | 0.5838 | 8 |
| | 人才 | 0.4179 | 9 | 0.5052 | 10 |
| 37 | 通过全国专利代理师资格考试人数 | 0.4875 | 8 | 0.6000 | 7 |

| 序号 | 指标 | 2021 年 | | 2020 年 | |
|---|---|---|---|---|---|
| | | 指数 | 排名 | 指数 | 排名 |
| 38 | 知识产权领军及骨干人才数量 | 0.3484 | 9 | 0.3484 | 9 |

## 十三、宿迁市知识产权实力分项指标分析

2021 年宿迁市知识产权实力指数为 0.3339，位居江苏省第 13 位。如图 5-13 所示，宿迁市知识产权创造、知识产权运用、知识产权保护和知识产权环境 4 项一级指标发展不均衡，知识产权保护指标指数高于知识产权创造、知识产权运用和知识产权环境指标指数。

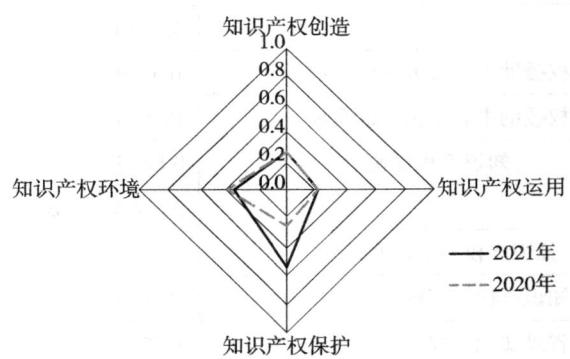

**图 5-13　2020—2021 年宿迁市知识产权实力一级指标指数**

2021 年，宿迁市知识产权创造指标指数为 0.2686，位居江苏省第 13 位。知识产权创造－数量、知识产权创造－质量和知识产权创造－效率 3 项二级指标分别位居江苏省第 13 位、第 13 位和第 12 位。16 项三级指标中，地理标志商标数量、商标注册量 2 项指标分别位居江苏省第 11 位和第 7 位，较 2020 年分别上升 2 位和 1 位；万企有效注册商标企业数指标位居江苏省第

9 位，较 2020 年下降 2 位。截至 2021 年年底，宿迁市有效发明专利量 2577 件，同比增长 17.14 %。从技术领域小类来看，有效发明专利量前三位的技术领域分别是电机、电气装置、电能 233 件，纺织和造纸机器 198 件，机器工具 193 件，合计 624 件，占宿迁市有效发明专利总量的 24.21%。从重点企业专利权人来看，有效发明专利量前三位的企业分别是江苏斯迪克新材料科技股份有限公司 103 件、浙江天能电池（江苏）有限公司 69 件、斯迪克新型材料（江苏）有限公司 45 件。

从先进制造业集群发明专利授权量来看，2021 年宿迁市高端新材料产业集群发明专利授权量 47 件，位居江苏省第 12 位，其中，特钢材料发明专利授权量 9 件，位列江苏省第 13 位。从重点企业来看，江苏斯迪克新材料科技股份有限公司 2021 年度前沿新材料产业发明专利授权量 10 件。2021 年，宿迁市开发区高新技术企业达到 520 家，增长 16.33%。实现高新技术产业产值 1189.68 亿元，增长 41.4%，占全市比重超 96%。

2021 年，宿迁市知识产权运用指标指数为 0.2165，位居江苏省第 13 位，较 2020 年下降 1 位。知识产权运用 – 数量和知识产权运用 – 效果 2 项二级指标分别位居江苏省第 12 位和第 13 位，排名较 2020 年均下降 1 位。7 项三级指标中，知识产权技术合同成交数量指标位居江苏省第 9 位，较 2020 年上升 1 位；专利实施许可合同备案涉及专利量指标位居江苏省第 12 位，较 2020 年下降 4 位。

2021 年，宿迁市知识产权保护指标指数为 0.5597，位居江苏省第 8 位，较 2020 年上升 4 位。知识产权保护 – 行政执法和知识产权保护 – 维权援助 2 项二级指标分别位居江苏省第 6 位和第 7 位，排名较 2020 年分别上升 7 位和 4 位。5 项三级指标中，查处专利侵权纠纷和假冒专利案件量指标位居江苏省首位，较 2020 年上升 12 位；维权援助中心及分支机构数量指标位居江苏省第 11 位，较 2020 年下降 2 位。

2021 年，宿迁市知识产权环境指标指数为 0.3558，位居江苏省第 13 位。知识产权环境 – 管理、知识产权环境 – 服务和知识产权环境 – 人才 3 项二级指标分别位居江苏省第 12 位、第 13 位和第 12 位，其中，知识产权环境 – 人才指标排名较 2020 年下降 1 位。10 项三级指标中，通过全国专利代理师资格考试人数指标位居江苏省第 9 位，较 2020 年上升 4 位；知识产权管理机构人员数指标位居江苏省第 13 位，较 2020 年下降 6 位（表 5–13）。

表 5–13　宿迁市知识产权实力分项指标指数

| 序号 | 指标 | 2021 年 | | 2020 年 | |
|---|---|---|---|---|---|
| | | 指数 | 排名 | 指数 | 排名 |
| | **知识产权实力指数** | 0.3339 | 13 | 0.2815 | 13 |
| | **知识产权创造** | 0.2686 | 13 | 0.2593 | 13 |
| | **数量** | 0.2726 | 13 | 0.1999 | 13 |
| 1 | 专利授权量 | 0.3540 | 11 | 0.3061 | 11 |
| 2 | 发明专利授权量 | 0.0987 | 13 | 0.0696 | 13 |
| 3 | PCT 国际专利申请量 | 0.1444 | 13 | 0.1347 | 13 |
| 4 | 商标注册量 | 0.6000 | 7 | 0.5284 | 8 |
| 5 | 地理标志商标数量 | 0.5250 | 11 | 0.3200 | 13 |
| 6 | 集成电路布图设计登记发证数量 | 0.1235 | 13 | 0.0169 | 13 |
| | **质量** | 0.1632 | 13 | 0.1623 | 13 |
| 7 | 发明专利授权量占比 | 0.1924 | 13 | 0.1584 | 13 |
| 8 | 发明专利授权率 | 0.3936 | 13 | 0.3063 | 13 |
| 9 | 高价值发明专利拥有量 | 0.0781 | 13 | 0.0823 | 13 |
| 10 | 专利获奖数量 | 0.0240 | 12 | 0.1333 | 11 |
| | **效率** | 0.3190 | 12 | 0.3240 | 12 |
| 11 | 每万人口发明专利拥有量 | 0.1296 | 13 | 0.1266 | 13 |
| 12 | 每百亿元 GDP 专利授权量 | 0.6000 | 7 | / | / |

续表

| 序号 | 指标 | 2021 年 | | 2020 年 | |
|---|---|---|---|---|---|
| | | 指数 | 排名 | 指数 | 排名 |
| 13 | 每十亿元 GDP 发明专利拥有量 | 0.1629 | 13 | 0.1736 | 13 |
| 14 | 每百亿元 GDP 高维持年限发明专利拥有量 | 0.1511 | 13 | 0.1188 | 13 |
| 15 | 万企有效注册商标企业数 | 0.5550 | 9 | 0.6000 | 7 |
| 16 | 每万户企业注册商标拥有量 | 0.5940 | 8 | 0.6000 | 7 |
| | 知识产权运用 | 0.2165 | 13 | 0.2228 | 12 |
| | 数量 | 0.2345 | 12 | 0.2928 | 11 |
| 17 | 专利实施许可合同备案量 | 0.3143 | 11 | 0.4667 | 9 |
| 18 | 专利实施许可合同备案涉及专利量 | 0.0873 | 12 | 0.2488 | 8 |
| 19 | 知识产权质押项目数 | 0.1443 | 13 | 0.1149 | 13 |
| 20 | 知识产权技术合同成交数量 | 0.4372 | 9 | 0.3243 | 10 |
| | 效果 | 0.1866 | 13 | 0.1062 | 12 |
| 21 | 知识产权技术合同成交金额 | 0.2086 | 10 | 0.1907 | 11 |
| 22 | 专利质押融资金额 | 0.2104 | 13 | 0.0923 | 12 |
| 23 | 商标质押融资金额 | 0.0358 | 10 | 0.0000 | |
| | 知识产权保护 | 0.5597 | 8 | 0.2660 | 12 |
| | 行政执法 | 0.5847 | 6 | 0.2636 | 13 |
| 24 | 查处专利侵权纠纷和假冒专利案件量 | 1.0000 | 1 | 0.1993 | 13 |
| 25 | 商标行政执法案件数量 | 0.4281 | 10 | 0.3222 | 11 |
| 26 | "正版正货"承诺企业数量 | 0.2522 | 13 | 0.2708 | 12 |
| | 维权援助 | 0.5180 | 7 | 0.2700 | 11 |
| 27 | 维权援助中心及分支机构数量 | 0.4500 | 11 | 0.4500 | 9 |
| 28 | 维权援助中心举报投诉受理量 | 0.6200 | 6 | 0.0000 | 8 |
| | 知识产权环境 | 0.3558 | 13 | 0.4003 | 13 |
| | 管理 | 0.3609 | 12 | 0.3764 | 12 |
| 29 | 知识产权专项经费投入 | 0.3640 | 9 | 0.4650 | 10 |
| 30 | 知识产权管理机构人员数 | 0.3273 | 13 | 0.6000 | 7 |

| 序号 | 指标 | 2021 年 | | 2020 年 | |
|---|---|---|---|---|---|
| | | 指数 | 排名 | 指数 | 排名 |
| 31 | 省级知识产权示范园区数 | 0.4500 | 10 | / | / |
| 32 | 知识产权贯标企业数量 | 0.4418 | 9 | 0.4500 | 11 |
| 33 | 知识产权战略推进计划项目数 | 0.3000 | 13 | 0.2240 | 13 |
| | **服务** | **0.4017** | **13** | **0.3746** | **13** |
| 34 | 专利申请代理率 | 0.5400 | 11 | 0.5047 | 12 |
| 35 | 商标申请代理率 | 0.3555 | 13 | 0.3134 | 13 |
| 36 | 知识产权服务机构数量 | 0.4486 | 10 | 0.5432 | 9 |
| | **人才** | **0.2843** | **12** | **0.4979** | **11** |
| 37 | 通过全国专利代理师资格考试人数 | 0.3750 | 9 | 0.2625 | 13 |
| 38 | 知识产权领军及骨干人才数量 | 0.1935 | 13 | 0.1935 | 13 |

# 附录　江苏省知识产权实力指标体系与解释

## 一、指标体系结构

本书采用统计综合评价方法对江苏省地区知识产权实力进行分析。江苏省知识产权实力指标体系如附表1所示。

附表 1　江苏省知识产权实力指标体系

| 一级指标 | 二级指标 | 三级指标 | | |
| --- | --- | --- | --- | --- |
| | | 序号 | 单位 | 指标 |
| 知识产权创造 | 数量 | 1 | 件 | 专利授权量 |
| | | 2 | 件 | 发明专利授权量 |
| | | 3 | 件 | PCT 国际专利申请量 |
| | | 4 | 件 | 商标注册量 |
| | | 5 | 件 | 地理标志商标数量 |
| | | 6 | 件 | 集成电路布图设计登记发证数量 |

| 一级指标 | 二级指标 | 三级指标 | | |
|---|---|---|---|---|
| | | 序号 | 单位 | 指标 |
| 知识产权创造 | 质量 | 7 | % | 发明专利授权量占比 |
| | | 8 | % | 发明专利授权率 |
| | | 9 | 件 | 高价值发明专利拥有量 |
| | | 10 | 项 | 专利获奖数量 |
| | 效率 | 11 | 件 | 每万人口发明专利拥有量 |
| | | 12 | 件 | 每百亿元 GDP 专利授权量 |
| | | 13 | 件 | 每十亿元 GDP 发明专利拥有量 |
| | | 14 | 件 | 每百亿元 GDP 高维持年限发明专利拥有量 |
| | | 15 | 家 | 万企有效注册商标企业数 |
| | | 16 | 件 | 每万户企业注册商标拥有量 |
| 知识产权运用 | 数量 | 17 | 份 | 专利实施许可合同备案量 |
| | | 18 | 件 | 专利实施许可合同备案涉及专利量 |
| | | 19 | 个 | 知识产权质押项目数 |
| | | 20 | 项 | 知识产权技术合同成交数量 |
| | 效果 | 21 | 亿元 | 知识产权技术合同成交金额 |
| | | 22 | 亿元 | 专利质押融资金额 |
| | | 23 | 亿元 | 商标质押融资金额 |
| 知识产权保护 | 行政执法 | 24 | 件 | 查处专利侵权纠纷和假冒专利案件量 |
| | | 25 | 件 | 商标行政执法案件数量 |
| | | 26 | 家 | "正版正货"承诺企业数量 |
| | 维权援助 | 27 | 个 | 维权援助中心及分支机构数量 |
| | | 28 | 件 | 维权援助中心举报投诉受理量 |
| 知识产权环境 | 管理 | 29 | 万元 | 知识产权专项经费投入 |
| | | 30 | 人 | 知识产权管理机构人员数 |
| | | 31 | 个 | 省级知识产权示范园区数 |
| | | 32 | 家 | 知识产权贯标企业数量 |
| | | 33 | 个 | 知识产权战略推进计划项目数 |

| 一级指标 | 二级指标 | 三级指标 | | |
|---|---|---|---|---|
| | | 序号 | 单位 | 指标 |
| 知识产权环境 | 服务 | 34 | % | 专利申请代理率 |
| | | 35 | % | 商标申请代理率 |
| | | 36 | 个 | 知识产权服务机构数量 |
| | 人才 | 37 | 人 | 通过全国专利代理师资格考试人数 |
| | | 38 | 人 | 知识产权领军及骨干人才数量 |

## 二、指标解释

1）专利授权量：年度国内各类申请人的专利授权数量。

2）发明专利授权量：年度国内各类申请人的发明专利授权数量。

3）PCT 国际专利申请量：年度国家知识产权局受理的来自国内的 PCT 国际专利申请数量。

4）商标注册量：年度国内各类申请人的商标注册核准件数。

5）地理标志商标数量：截至 2021 年年末地理标志商标累计注册量。

6）集成电路布图设计登记发证数量：年度集成电路布图设计登记发证的数量。

7）发明专利授权量占比：年度发明专利授权量 / 年度三种专利（发明、实用新型、外观设计）授权量。

8）发明专利授权率：近三年发明专利授权量 / 近三年发明专利申请量 × 100%。

9）高价值发明专利拥有量：截至 2021 年年末本地区居民拥有的经国家知识产权局授权的符合重点产业发展方向、权利稳定或价值较高的有效发明专利数量。将符合以下任一方面要求的专利认定为高价值发明专利：①战略性新兴产业的有效发明专利；②在海外有同族专利权的有效发明专利；③维持年限超过 10 年的有效发明专利；④实现较高质押融资金额的有效发明专利；⑤获得国家科学技术奖、中国专利奖的有效发明专利。

10）专利获奖数量：年度国家级和省级专利奖获奖数量的合计。

11）每万人口发明专利拥有量：截至 2021 年年末有效发明专利数量 / 上一年度年末常住人口数量。

12）每百亿元 GDF 专利授权量：截至 2021 年年末有效发明专利数量 / 上一年度年末 GDP 金额。

13）每十亿元 GDP 发明专利拥有量：截至 2021 年年末有效发明专利数量 / 年度地区生产总值 ×10。

14）每百亿元 GDP 高维持年限发明专利拥有量：截至 2021 年年末维持 10 年及以上发明专利数量 / 年度地区生产总值 ×100。

15）万企有效注册商标企业数：截至 2021 年年末拥有有效注册商标的企业数 / 企业总数 ×10000。

16）每万户企业注册商标拥有量：截至 2021 年年末有效商标注册量 / 企业总数 ×10000。

17）专利实施许可合同备案量：年度经国家知识产权局备案的专利实施许可合同数量。

18）专利实施许可合同备案涉及专利量：年度经国家知识产权局备案的专利实施许可合同涉及的专利数量。

19）知识产权质押项目数：年度经国家知识产权局备案的知识产权质押合同数量。

20）知识产权技术合同成交数量：年度技术市场成交的知识产权类型合

同数量。

21）知识产权技术合同成交金额：年度技术市场成交的知识产权类型合同成交金额。

22）专利质押融资金额：年度经国家知识产权局备案的专利质押合同融资金额。

23）商标质押融资金额：年度经国家知识产权局商标局登记的商标专用权质押融资金额。

24）查处专利侵权纠纷和假冒专利案件量：年度专利侵权纠纷立案数量、专利其他纠纷立案数量和查处假冒专利立案数量3项指标的合计。

25）商标行政执法案件数量：年度查处商标一般违法与侵权假冒案件量和移送司法机关案件量。

26）"正版正货"承诺企业数量：截至2021年年末"正版正货"承诺企业数量。

27）维权援助中心及分支机构数量：截至2021年年末维权援助中心及分支机构数量。

28）维权援助中心举报投诉受理量：年度国家级知识产权维权援助中心移交举报投诉案件数量。

29）知识产权专项经费投入：年度知识产权专项经费投入金额。

30）知识产权管理机构人员数：截至2021年年末知识产权管理机构编制人员数量。

31）省级知识产权示范园区数：截至2021年年末省级知识产权试点示范园区数量。

32）知识产权贯标企业数量：年度《企业知识产权管理规范》贯标参加备案的企业数量。

33）知识产权战略推进计划项目数：截至 2021 年年末企业知识产权战略推进计划项目累计数量。

34）专利申请代理率：年度专利申请代理量 / 年度专利申请量 ×100%。

35）商标申请代理率：年度商标申请代理量 / 年度商标申请量 ×100%。

36）知识产权服务机构数量：年度实际开展专利申请代理业务或商标申请代理业务的机构数量。

37）通过全国专利代理师资格考试人数：年度南京考点和苏州考点全国专利代理师资格考试合格人数的合计。

38）知识产权领军及骨干人才数量：截至 2021 年年末江苏省知识产权领军人才和骨干人才数量的合计。